ひらがな　HIRAGANA

c\v	a	i	u	e	o
	あ	い	う	え	お
k	か	き	く	け	こ
s	さ	し shi	す	せ	そ
t	た	ち chi	つ tsu	て	と
n	な	に	ぬ	ね	の
h	は	ひ	ふ fu	へ	ほ

c\v	a	i	u
g	が	ぎ	ぐ
z	ざ	じ ji	ず
d	だ	ぢ ji	づ zu

b	ば	び	ぶ
p	ぱ	ぴ	ぷ

c\v	a	i	u	e	o
m	ま	み	む	め	も
y	や		ゆ		よ
r	ら	り	る	れ	ろ
w	わ				を。

ん n/m

カタカナ　KATAKANA

c\v	a	i	u	e	o
	ア	イ	ウ	エ	オ
k	カ	キ	ク	ケ	コ
s	サ	シ shi	ス	セ	ソ
t	タ	チ chi	ツ tsu	テ	ト
n	ナ	ニ	ヌ	ネ	ノ
h	ハ	ヒ	フ fu	ヘ	ホ

c\v	a	i	u
g	ガ	ギ	グ
z	ザ	ジ ji	ズ
d	ダ	ヂ ji	ヅ zu

b	バ	ビ	ブ
p	パ	ピ	プ

c\v	a	i	u	e	o
m	マ	ミ	ム	メ	モ
y	ヤ		ユ		ヨ
r	ラ	リ	ル	レ	ロ
w	ワ				ヲ。

ン n/m

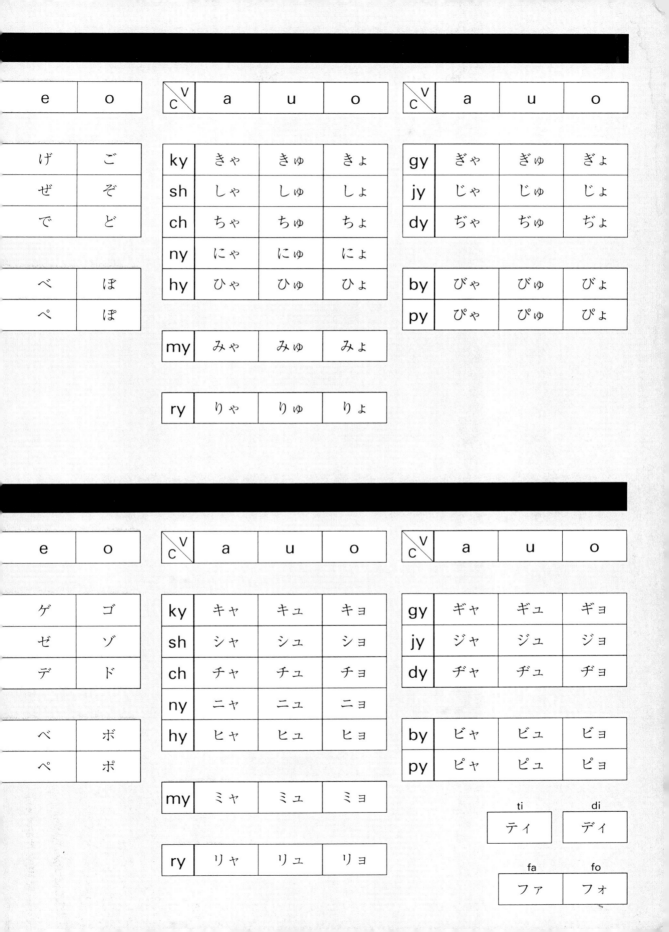

e	o
げ	ご
ぜ	ぞ
で	ど

	e	o
	べ	ぼ
	ぺ	ぽ

C/V	a	u	o
ky	きゃ	きゅ	きょ
sh	しゃ	しゅ	しょ
ch	ちゃ	ちゅ	ちょ
ny	にゃ	にゅ	にょ
hy	ひゃ	ひゅ	ひょ

my	みゃ	みゅ	みょ

ry	りゃ	りゅ	りょ

C/V	a	u	o
gy	ぎゃ	ぎゅ	ぎょ
jy	じゃ	じゅ	じょ
dy	ぢゃ	ぢゅ	ぢょ

by	びゃ	びゅ	びょ
py	ぴゃ	ぴゅ	ぴょ

---

e	o
ゲ	ゴ
ゼ	ゾ
デ	ド

	e	o
	ベ	ボ
	ペ	ポ

C/V	a	u	o
ky	キャ	キュ	キョ
sh	シャ	シュ	ショ
ch	チャ	チュ	チョ
ny	ニャ	ニュ	ニョ
hy	ヒャ	ヒュ	ヒョ

my	ミャ	ミュ	ミョ

ry	リャ	リュ	リョ

C/V	a	u	o
gy	ギャ	ギュ	ギョ
jy	ジャ	ジュ	ジョ
dy	ヂャ	ヂュ	ヂョ

by	ビャ	ビュ	ビョ
py	ピャ	ピュ	ピョ

ti	di
ティ	ディ

fa	fo
ファ	フォ

Japanese for Young People III
Student Book

JAPANESE FOR YOUNG PEOPLE

 **Student Book**

Association for Japanese-Language Teaching

Kodansha USA
New York

The Association for Japanese-Language Teaching (AJALT) was recognized as a nonprofit organization by the Ministry of Education in 1977. It was established to meet the practical needs of people who are not necessarily specialists on Japan but who wish to communicate effectively in Japanese. In 1992 AJALT was awarded the Japan Foundation Special Prize. In 2010 it became a public interest incorporated association. AJALT maintains a website at www.ajalt.org.

Published by Kodansha USA, Inc., 451 Park Avenue South, New York, NY 10016

Distributed in the United Kingdom and continental Europe by Kodansha Europe Ltd.

First published in Japan in 2001 by Kodansha International
First US edition 2012 published by Kodansha USA

Printed in the United States of America
21 20 19 18 17 16 15 14 13 12   12 11 10 9 8 7 6 5 4 3 2 1

ISBN: 978-1-56836-478-0

Illustrations by Hidemi Makino

www.kodanshausa.com

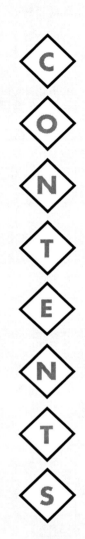

C O N T E N T S

Lesson 31 SUCCESSIVE ACTIONS はくぶつかんへ　行って、見学を　します。

Functions	Situations	Structures, Expressions, & Vocabulary Sets
•Describing successive actions •Talking about plans	school	VERBS 　－て form 「～て、～て、～ます」

Lesson 32 REQUESTS AND ORDERS ピザを　とどけてください。

Functions	Situations	Structures, Expressions, & Vocabulary Sets
•Making requests •Giving directions •Making offers of help	school home in town	「～てください」 「～ましょうか」

Lesson 33 ASKING PERMISSION この　ワープロを　使っても　いいですか。

Functions	Situations	Structures, Expressions, & Vocabulary Sets
•Asking permission •Giving permission •Polite refusals •Showing encouragement	school home	「～ても　いいですか」 「はい、どうぞ」 「うーん、それは　ちょっと……。」 「がんばって」 VOCABULARY BUILDER 9: School Subjects page 2

Lesson 34 NOW IN PROGRESS カメラを　さがしています。

Functions	Situations	Structures, Expressions, & Vocabulary Sets
•Talking about actions still going on •Confirming completed actions	home school	「～ています」

Lesson 35 EXPRESSING DESIRES 冬休みに　スキーに　行きたいです。

Functions	Situations	Structures, Expressions, & Vocabulary Sets
•Expressing desires •Urging others to action	school home	「～たいです」 「さあ～」「早く」

Lesson **36**	THE PRESENT CONDITION　おばあさんは　ニューヨークに　住んでいます	
Functions	**Situations**	**Structures, Expressions, & Vocabulary Sets**
•Talking about present conditions •Talking about where people live, 　what people know, own, and wear	school	「〜ています」 住んでいます　知っています　持っています 　着ています　売っています SUMMARY TABLE Verbs 3　page 55

Lesson **37**	PLEASE DON'T　じ書を　見ないでください。	
Functions	**Situations**	**Structures, Expressions, & Vocabulary Sets**
•PROHIBITION	school	VERBS 　ーない form 「〜ないでください」

Lesson **38**	OBLIGATIONS　しゅくだいを　しなければ　なりません。	
Functions	**Situations**	**Structures, Expressions, & Vocabulary Sets**
•OBLIGATION	school home	「〜なければなりません」 「〜なくても　いいです」 SUMMARY TABLE Verbs 4　page 82

Lesson **39**	CONNECTING ADJECTIVES AND NOUNS　きれいで、やさしい　人です。	
Functions	**Situations**	**Structures, Expressions, & Vocabulary Sets**
•Describing the state of things	home	CONNECTING ADJECTIVES AND NOUNS 「〜くて／〜で」

Lesson **40**	DIARY　マラソン大会が　あった。	
Functions	**Situations**	**Structures, Expressions, & Vocabulary Sets**
•Writing a diary	school home	Plain style / plain form

Lesson 41 SUPPOSITIONS AND REPORTED SPEECH ゆき子さんも 来ると 思います。

Functions	Situations	Structures, Expressions, & Vocabulary Sets
•Expressing suppositions •Expressing opinions •Reported speech •New Year greeting	school home	「〜と 思います」 「〜と 言いました」 「『〜』と 言います」 「あけまして おめでとうございます」 SUMMARY TABLE Informal Form page 115

Lesson 42 INFORMAL INVITATIONS ホンコンの えいがを 見よう。

Functions	Situations	Structures, Expressions, & Vocabulary Sets
•Making / accepting informal invitations	school home	VERBS VOLITIONAL FORM

Lesson 43 COMPARISONS 九州は 四国より 大きい。

Functions	Situations	Structures, Expressions, & Vocabulary Sets
•Making comparisons •Giving examples •Talking about exceptions		「〜は 〜より」 「たとえば〜」 「〜を のぞいて」

Lesson 44 POTENTIAL FORM この けんは まだ 使えますか。

Functions	Situations	Structures, Expressions, & Vocabulary Sets
•Talking about ability •Talking about possibility •Saying goodbye	video store home	VERBS POTENTIAL FORM 「お先に」「お先に しつれいします」 SUMMARY TABLE Verbs 5 page 149

Lesson 45 A LETTER FROM HOME おせわに なりました。

Functions	Situations	Structures, Expressions, & Vocabulary Sets
•WRITING A LETTER	home	「お元気ですか」 「おせわに なりました」 「よろしく おつたえください」 「お元気で」

Grammar Review ———————————————— page 153

Series Guide to
JAPANESE FOR YOUNG PEOPLE

JAPANESE FOR YOUNG PEOPLE is a new three-level series (with an optional starter level for elementary students) designed primarily for junior high and high school curricula encouraging systematic Japanese-language acquisition through an enjoyable but structured learning process.

Starter Level

Level 1

Japanese for Young People I: Student Book

This first main text in the series introduces basic structures.

Japanese for Young People I: Kana Workbook

A workbook to practice reading and writing the hiragana and katakana native scripts with crossword puzzles, wordsearches and other games that will encourage enjoyable and effective language acquisition.

Level 2

Japanese for Young People II: Student Book

The second main text in the series introduces the conjugation of adjectives and some basic kanji.

Japanese for Young People II: Kanji Workbook

A workbook to practice reading and writing the 70 Chinese characters introduced in the STUDENT BOOK.

Level 3

Japanese for Young People III: Student Book

The third main text in the series introduces verb conjugation and some functional expressions for making requests and asking permission.

Japanese for Young People III: Kanji Workbook

A workbook to practice reading and writing the 90 Chinese characters introduced in the STUDENT BOOK.

Japanese for Young People: Sound & Rhythm

Based on Total Physical Response, this optional level recommended for use by elementary students, encourages pupils to develop essential aural skills by simply listening and following the instructions on the tape. Facilitates smooth progression to Level 1 through familiarization with basic Japanese sounds and words.

Japanese for Young People: Sound & Rhythm Cassette Tapes

Tapes provide essential aural practice through professional recordings from the text.

Japanese for Young People I: Cassette Tapes

Essential aural practice of natural spoken Japanese is facilitated by recordings of marked sections from the STUDENT BOOK. and KANA WORKBOOK.

Japanese for Young People I: Teacher's Book

A step-by-step guide in English for instructors of Japanese with suggested games and activities.

Japanese for Young People II: Cassette Tapes

Essential aural practice of natural spoken Japanese is facilitated by recordings of marked sections from the STUDENT BOOK.

Japanese for Young People II: Teacher's Book

A step-by-step guide in English for instructors of Japanese with suggested games and activities.

Japanese for Young People III: Compact Discs

Essential aural practice of natural spoken Japanese is facilitated by recordings of marked sections from the STUDENT BOOK.

Japanese for Young People III: Teacher's Book

A step-by-step guide in English for instructors of Japanese with suggested games and activities.

Learners who complete all levels in this series will have covered one third of the grammatical structures needed for beginner Japanese.

A Note to the Teacher

The Characters

All the characters that appear in JAPANESE FOR YOUNG PEOPLE were specially created and developed with particular emphasis on the kind of situations that target learners are likely to encounter in their daily lives at home and at school.

The main protagonist is Mike Bird, a thirteen-year-old American boy who is participating in a student exchange program in Japan. He is living with a representative Japanese family, the Katos, and attends a typical Japanese junior high school.

The Kato family comprises Ken Kato, a boy of the same age as Mike who goes to the same school, his mother and father, and five-year-old sister, Midori. At school Mike makes other friends such as Akira Yamamoto and Sachiko Kimura. He often goes around to Akira's house to play and sometimes meets Akira's mother. Mike's home room teacher is Ms. Keiko Tanaka. A senior from the school Judo club also puts in an appearance. In this third volume they are joined by Elena Ramos, a fourteen-year-old student from Brazil.

This collection of protagonists that includes friends of the same age, friends' parents, teachers and seniors reflects the fact that this course has been specially designed to facilitate learners' understanding of how Japanese speech levels depend on interpersonal relationships.

The Plain Style

An important characteristic of the Japanese language is that speech levels change according to whom you are speaking to. Factors such as age, position, or rank most often influence the level of speech in Japanese. This series has adopted a specific policy of familiarizing learners with the different usages of the polite and plain styles from the earliest stages because young people are likely to come across the plain style more often in their linguistic experiences. A dialogue written in the plain style first appears in Lesson 2 of JAPANESE FOR YOUNG PEOPLE I: STUDENT BOOK. In order not to hinder the acquisition of grammatical structures at this introductory stage, however, throughout the series we have decided not to omit any particles simply in the pursuit of reproducing natural Japanese. Typical sentence endings—including the different endings used by male and female speakers—are presented in this third volume as part of its overall focus on informal speech. To start with the plain style is introduced as something that learners should be able to recognize and understand, but in JAPANESE FOR YOUNG PEOPLE III: STUDENT BOOK it is presented as a structure to be learned alongside the plain form of Japanese verbs.

Learners who have not used JAPANESE FOR YOUNG PEOPLE I: STUDENT BOOK are advised to study the Useful Expressions (on pages xxiv–xxvi of the first STUDENT BOOK) before tackling the lessons in this third volume. Also effective for learning common greetings and salutations, this section is an important introduction to the different levels of speech used in Japanese. For each phrase or expression, two appropriate patterns are presented: One that can be used with friends and the other with elders or seniors. More important than learning each greeting, the aim of this section is to make learners aware that Japanese expressions change according to whom one is speaking to.

Script

The native Japanese phonetic scripts, hiragana and katakana, are introduced from the earliest stages of JAPANESE FOR YOUNG PEOPLE I: STUDENT BOOK. Learners are required to have mastered native hiragana and katakana scripts and the seventy characters introduced in that volume before starting this volume. Learners unfamiliar with those seventy characters should complete JAPANESE FOR YOUNG PEOPLE II: KANJI WORKBOOK, a fully integrated component of this series, before tackling JAPANESE FOR YOUNG PEOPLE III: STUDENT BOOK.

Learners will be exposed to a total of ninety kanji characters in the fifteen lessons of this book. From the very first lesson of this volume, all words that can be rendered either fully or partially by these ninety kanji and the seventy kanji introduced in the second volume are so, but with furigana pronunciation guides printed in small type beneath each kanji. Learners are required to study the characters that appear in the New Kanji list on the first page of every lesson. In Lesson 31, for example, six characters (君　近　遠　朝　昼　晩) are introduced as New Kanji. This third volume also uses familiar kanji—learned in the second volume or in earlier lessons of this third volume—with different readings from the ones that were given when the kanji were first introduced. These are presented as New Readings after the New Kanji list on the first page of each relevant lesson.

All New Kanji have been carefully selected according to strict criteria: We have included the basic characters with simple forms or kanji that represent vocabulary that learners already know. Particular care has also been placed in the order in which kanji are introduced in this volume: Where possible we have tried to group together characters of similar meaning thus supporting the sometimes difficult process of kanji acquisition. For example, in Lesson 31, we introduced three kanji (朝　昼　晩) that are used to write "morning," "noon," and "evening" in Japanese. Likewise, in Lesson 43, learners will meet the four characters (東　西　南　北) that are used to write the four directions of the compass. Naturally the adoption of this approach means that the number of kanji introduced in each lesson is variable. The maximum number of kanji introduced in any lesson is seven and the minimum is four.

Note that some compounds are partially written with kanji in this book where usually one would expect to see them written with two or three kanji. For example, the compounds 先輩 and 誕生日 are written 先ぱい and たんじょう日, with the kanji not introduced in this volume appearing in hiragana. This reflects our philosophy that at this stage, at least, it is more important to provide the learner with opportunities to recognize any character than it is to adhere to strict rules of Japanese orthography. It is also similar to the way kanji is exposed in Japanese elementary-school textbooks, imitating the way in which most native Japanese first learn kanji.

Maximum use has been made of furigana pronunciation guides in this volume to support and develop accurate reading skills: The correct reading in context of each and every character has been printed in kana immediately underneath the character to which it refers. JAPANESE FOR YOUNG PEOPLE III: KANJI WORKBOOK, designed to be used in tandem with this textbook, can be used to study how to read and write all ninety characters introduced in this volume.

Length of Course

As a rule each lesson should take approximately four hours of classroom time to complete. Accordingly this book can form a sixty-hour classroom-based course.

Vocabulary

JAPANESE FOR YOUNG PEOPLE III: STUDENT BOOK introduces a total of approximately four hundred new words including eighty-nine verbs and twenty-three adjectives.

Audio

A set of compact discs to accompany this volume is available separately and is particularly recommended for review and in learning environments with limited access to natural Japanese as spoken by native speakers. As a guide a tape mark indicates all sections recorded on the discs.

Structure of
JAPANESE FOR YOUNG PEOPLE III: STUDENT BOOK

At the back of the book there is a Grammar Review that summarizes important grammatical information and vocabulary introduced in this volume and a Mini Dictionary that contains two glossaries—Japanese–English and English–Japanese. Both endpapers also provide useful information for all learners. A full and detailed table of the hiragana and katakana scripts has been printed at the front and an annotated map of Japan has been printed at the back.

The Lessons

The table on the next page shows in detail the structure that forms the core of this book.

Lesson	Function	Situation	Structures, Expressions, & Vocabulary Sets	Kanji/New Readings
L31 to 36	ORDER OF ACTIONS Talking about plans REQUESTS / INSTRUCTIONS Arranging a delivery Giving street directions ASKING / GIVING / REFUSING PER-MISSION TALKING ABOUT ACTIONS STILL GOING ON Confirming completed actions EXPRESSING DESIRES TALKING ABOUT THE PRESENT where people live, what people know, own, and wear	*school* *at home*	VERBS ー て form 「～て、～て、～ます」 「～てください」 「～てもいいですか」 「はい、どうぞ」「はい、いいですよ」 「うーん、それはちょっと……」 「いいえ、いけません」 「～ています」 「もう～ましたか」「いいえ、まだ～います」 「～たいです」 「～ています」（住んでいます　知っています 　　持っています　着ています）	君 近 遠 朝 昼 晩 見学 左 右 止 待 店 駅 白 青 赤 黒 文 使 石 今 外 間 音 楽 私 寺 社 春 夏 秋 冬 川 住 所 知 売 買 持
L37 to 38	PROHIBITION OBLIGATION	*school* *at home*	VERBS ー ない form 「～ないでください」 「～なければなりません」	切 始 終 書 禁 話 大切 字 毎 語 午 後 電 きょう 中
L39	DESCRIBING THINGS	*at home*	CONNECTING ADJECTIVES AND NOUNS	高 低 安 長 空 部
L40 to 42	WRITING A DIARY SUPPOSITION / OPINIONS REPORTED SPEECH New Year greetings INFORMAL INVITATIONS	*at home* *school*	PLAIN STYLE / PLAIN FORM 「～と思います」 「『～』と言います」 「～と言いました」 「あけましておめでとうございます」 VERBS volitional form 「行かない」「行こうか」「行こう」	会 走 天 気 公 園 読書 言 思 元 父 母 花 夕 古 新 帰
L43	MAKING COMPARISONS Giving examples		ADJECTIVES comparisons 「～は～より～」 「たとえば、～」	広 東 西 南 北 国 海
L44	ABILITY & POSSIBILITY	*video stores* *home*	VERBS potential form	牛 肉 借 屋 漢 お先に
L45	WRITING A LETTER	*school*	「お元気ですか」 「おせわに　なりました」 「よろしく　おつたえください」 「お元気で」	京 家 紙 着 勉強

Grammar Review

Organized into Sentence Patterns, Adjectives, Verbs, Particles, Adverbs and Adverbial Phrases, the Grammar Review summarizes the key grammatical structures and vocabulary sets presented in this book.

Mini Dictionary

A full set of glossaries is included in this volume to facilitate self-study and provide all learners with an opportunity to familiarize themselves with using a bilingual dictionary at this preparatory stage. Both a Japanese–English glossary and an English–Japanese glossary are provided so learners can look up English and Japanese words.

Lesson Structure

As the following chart shows, each lesson has been structured to make JAPANESE FOR YOUNG PEOPLE an appropriate course for any classroom situation.

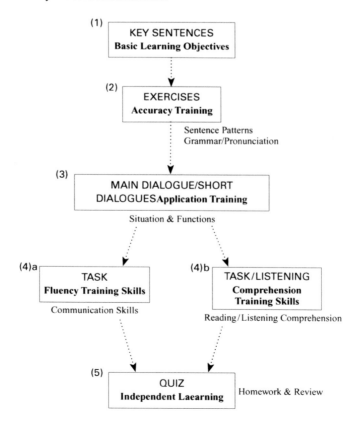

Key Sentences (1)

To indicate the basic learning objectives of each lesson, the principal sentence patterns are presented as example sentences on the first page of that lesson.

New Kanji

A list of all the New Kanji that are introduced in any lesson is printed below the Key Sentences on the first page of that lesson. Learners should refer to JAPANESE FOR YOUNG PEOPLE II: KANJI WORKBOOK for detailed explanations of how to read, use, and write the kanji.

New Readings

In some lessons familiar kanji—learned in the second volume or in earlier lessons of this third volume—are used with different readings from the ones given when the kanji were first introduced. These are presented as New Readings on the first page of each relevant lesson.

Exercises (2)

All the Exercises in this volume are composed of illustrations and cues or examples in Japanese so that learner progress is not impeded by the mundane task of always having to translate from one language into the other. The first exercises in any lesson introduce key vocabulary necessary to practice the sentence patterns. Thereafter the exercises progress at a realistic pace that facilitates practice in spoken Japanese from simple to more complicated sentences. Each exercise begins with one or more example to give learners a clear idea of what is required from them in that particular exercise. Note that where two examples are provided, the learner has to choose which sample pattern is most appropriate for each question in that exercise.

Main Dialogue/Text (3)

This section aims to provide learners with functional and situational examples of how the sentence patterns introduced in that lesson are actually used in context. Because it is crucial that learners have an immediate grasp of the situation being illustrated, each dialogue or text is introduced with a short sentence in English that effectively describes the circumstances of that dialogue. Dialogues are also illustrated with a comic strip that summarizes the key points of the conversation with an appropriate number of frames. The speech bubbles contain some English words and pictures to help learners guess what is being said and can be put to particularly effective use in role-playing situations that are based around the dialogue. Some dialogues end with a brief summary sentence that is indicated with the ☺ mark. These summaries have been designed not only to help learners describe what is going on in the dialogue but also to explain the conversation objectively as a third party. Learners will find this practice useful in the future when they begin to write in Japanese.

Short Dialogues (3)

Two or three shorter dialogues are included both as applications of usage touched on in the Main Dialogue, or as illustrations of usage not taken up in the Main Dialogue. Note that to familiarize learners with the different levels of speech used in Japanese, dialogues presented in the plain style are also included.

Vocabulary

All new words are presented as they appear after the Key Sentences, Exercises, Main Dialogue/Text, and Short Dialogues sections. Note that the English equivalents provided to enable learners to check meaning and organize vocabulary items are restricted to the meaning and usage of the context in which they appear.

Vocabulary Builder

All the vocabulary presented in JAPANESE FOR YOUNG PEOPLE I: STUDENT BOOK is deemed to be essential vocabulary that should be learned by all students of the Japanese language. At the second and third stages, however, optional vocabulary grouped together under topics has been included so that learners can select the words that they personally need to know in Japanese.

Summary Table

Although the lack of any grammatical explanation or linguistic description of sentence patterns is indeed a key feature of this course, we recognize the need for learners to understand the language system as they progress through this book. Accordingly important grammatical areas have been summarized in tabular form at the end of the last lesson in which they are presented.

Japan News

In some lessons learners will find a Japan News article that provides important background information about traditional and contemporary Japanese culture in English, recognizing the emphasis that is often placed on acquiring a deeper understanding of the country whose language is being studied.

Task (4)

With the aim of facilitating more flexible practice of sentence patterns and vocabulary, a Task has been included in some lessons. Some tasks provide situational and functional practice, and others are included to improve reading comprehension and writing skills.

Listening (4)

To improve learners' aural comprehension—for both specific information, such as numbers, prices, times, etc., and general understanding—a new Listening practice has been included in some lessons.

Quiz (5)

A Quiz is included for each lesson in JAPANESE FOR YOUNG PEOPLE III: KANJI WORKBOOK to enable learners to check progress.

ACKNOWLEDGMENTS

This textbook was written by three AJALT instructors, Sachiko Adachi, Harumi Mizuno, and Mieko Chōsho. They were assisted by Sanae Kimu, Mitsuyoshi Kaji, and Hiroshi Higuchi. Special thanks are due to Hidemi Makino who single-handedly created all the illustrations in this textbook. The authors would also like to thank Paul Hulbert and other editorial staff at Kodansha International for translating and compiling the glossaries, as well as the usual editorial tasks.

Preparation of this textbook was partially assisted with a grant from The Foundation of Language Education.

SUCCESSIVE ACTIONS

はくぶつかんへ　行って、見学を　します。

KEY SENTENCES

1. 銀座へ　行って、かぶきを　見ます。

2. きのう　先ぱいに　会って、昼ごはんを　食べて、帰りました。

3. あした　えいがを　見て、買いものを　しませんか。

V O C A B U L A R Y

行って、かぶきを　見ます	go and see a Kabuki play
行って	(ー て form of 行きます)

N E W   K A N J I

君　近　遠　朝　昼　晩

N E W   R E A D I N G S

見学

EXERCISES Ⅰ

1. a. ex. バード君は　朝ごはんを　食べて、はを　みがきます。

ex.

①

②

b. ex. バード君は　しゅくだいを　して、テレビを　見ます。

ex.

①

return

②
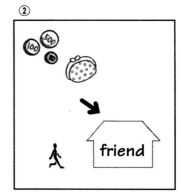

friend

c. ex. バード君は　新宿へ　行って、買いものを　します。

ex.

しんじゅく

①

②

buy

2. a. ex. たべます → <u>　　　　　たべて　　　　　</u>

R2 ① みます → <u>　　　　　みて　　　　　</u>

② みせます → <u>　　　　　みせて　　　　　</u>

③ おしえます → <u>　　　　おしえて　　　　</u>

④ おります → <u>　　　　おりて　　　　</u>

R1
おります
↓
おって

b. ex. しゅくだいを します → <u>　しゅくだいを　して　</u>

イラ ① れんしゅうを します → <u>　れんしゅうを　して　</u>

② かいものを します → <u>　かいもの をして　</u>

③ べんきょうを します → <u>　べんきょうを して　</u>

④ 　　　　 きます → <u>　　　きて　　　</u>

c. ex. いきます → <u>　　　　いって　　　　</u>

① あいます → <u>　　　　あって　　　　</u>

② あらいます → <u>　　　あらって　　　</u>

③ かいます → <u>　　　　かって　　　　</u>

④ のります → <u>　　　　のって　　　　</u>

⑤ はいります → <u>　　　はいって　　　</u>

EXERCISES II

1. ex. 来しゅう 銀座へ 行って、プレゼントを 買って、
ゆき子さんに あげます。

ex.

①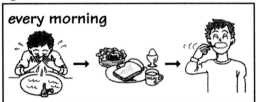

②

③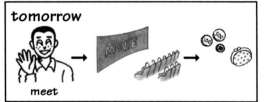

④

2. ex. きのう えいがを 見て、買いものを して、帰りました。

ex.

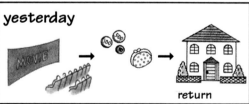

①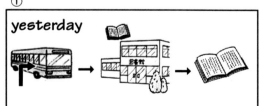

②

③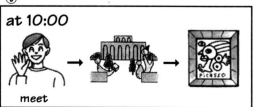

④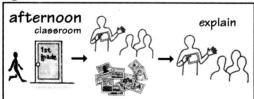

3. ex. 冬休みに　北海道へ　行って、スキーを　しませんか。

ex.

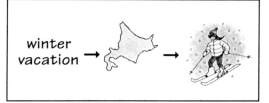

①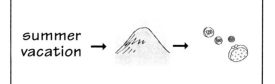

②
come

③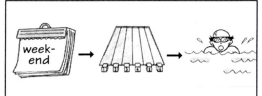

④ buy
new

EXERCISES III

ex.　バード君は　としょかんへ　行って、勉強を　して、
　　　　友だちの　うちへ　行きました。

ex.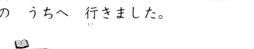
home

① buy

②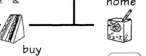
friend

③
get off

④

⑤

MAIN DIALOGUE

Tanaka-sensē tells the class about tomorrow's school trip.

田中先生：　あしたは　学校で　じゅぎょうが　ありません。
　　　　　　はくぶつかんの　見学を　します。

バード君：　何時からですか。

田中先生：　朝　八時までに　あつまって、八時半に　学校を
　　　　　　出ます。見学の　後で、みんなで　しゃしんを　とります。

かとう君：　おべんとうは　どこで　食べますか。

田中先生：　近くの　公園へ　行って、　食べます。

☺田中先生は　あしたの　はくぶつかんの　見学に　ついて

せつめいしました。八時までに　あつまって、八時半に　学校を

出ます。見学の　後で　しゃしんを　とります。

それから　近くの　公園へ　行って、おべんとうを　食べます。

⭐ VOCABULARY ⭐

じゅぎょう	lesson, class
はくぶつかん	museum
見学を　します（見学を　する）	visit, go on a field trip
見学	study visit, field trip
あつまって	（－て form of あつまります）
あつまります（あつまる）	meet up , gather
（しゃしんを）とります（とる）	take (a photograph)

SHORT DIALOGUES

1

山本君　：　日本中学まで　どうやって　行くの。

バード君：　駅で　三ばんの　バスに　のって、五つ目の　バスていで
おりて、あるいて　五分ぐらい。

2

バード君：　今から　学校へ　行って、じゅうどうの　れんしゅうを
しませんか。

先ぱい　：　うん、いいね。

3

田中先生：　来しゅう　ブラジルから　エレナ　ラモスさんが　来ます。

バード君：　ラモスさんは　いつまで　日本に　いますか。

田中先生：　来年の　七月まで　います。ここで　一年　勉強を　して、
ブラジルへ　帰ります。

VOCABULARY

いいね	That's nice. I agree with you. (informal speech for いいですね)
エレナ　ラモス	Elena Ramos (name)
～の	question marker (used with informal speech)

JAPAN NEWS

Zainichi burajiru-jin refers to the many Brazilians who have come to Japan in recent decades in search of lucrative employment. The shortage of manual labor in Japan and the economic crisis in Brazil encouraged many people to come over, with the result that there were approximately 200,000 Brazilians living in Japan in 1996. Some cities in Japan now have *zainichi burajiru-jin* communities of up to 10,000 people.

Many of these *zainichi burajiru-jin* are in fact descendents of Japanese emigrants that went to Brazil in large numbers during the first half of the twentieth century. Descendants of Japanese emigrants are called "*nikkei-jin.*" Although *nikkei-jin* may look quite Japanese, they encounter the same problems that other foreigners face in Japan, perhaps more so, because Japanese people tend to expect them to be fluent Japanese speakers.

The most famous *zainichi burajiru-jin* is Ramos, the popular soccer player. He came to Japan as a young man to play in the professional league, and was a member of Japan's national soccer team. Since he has adopted Japanese nationality, however, he can no longer be called *zainichi* in the strict sense of the word.

LISTENING ①

1. Listen to the recording or your teacher and choose the right answer as shown in the example.

ex. A： 今　何時ですか。
　　　いま　なんじ

　　　B： 七時です。
　　　　　しち　じ

ex.	1:00	(7:00)
①	7:00	8:00
③	7:30	8:30

②	11:00	12:00
④	11:00	17:00

2. Listen to the recording or your teacher and supply the correct numbers as shown in the example.

ex. 朝ごはんを　食べて、かおを　あらって、はを　みがきます。
　　　あさ　　　　た

（　3　）

（　1　）

（　2　）

①
（　　）

（　　）

（　　）

②
（　　）

（　　）

（　　）

③
（　　）

（　　）

（　　）

④
（　　）

（　　）

（　　）

ピザを　とどけてください。

KEY SENTENCES

1. 本を　見てください。

2. しんごうを　左へ　まがってください。

3. A:　かさを　かしましょうか。

   B:　はい、おねがいします。かしてください。

★ V O C A B U L A R Y ★

見てください	Please look. Look!
しんごう	traffic light
まがって	(ーて form of まがります)
まがります（まがる）	turn

NEW KANJI

右　左　止　待　店　駅

EXERCISES I

1. ex. 走ってください。
_{はし}

ex.

①

②

③

2. ex. すみません、もう 一度 言ってください。
_{いちど} _い

ex.

Once more, please.

①

Loudly

②

slowly

1. a. ex. カレンダー

ex.

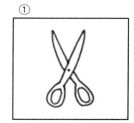
①

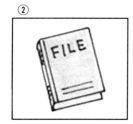
②

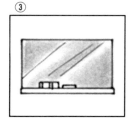
③

b. ex. さします

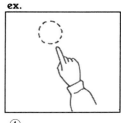
ex.

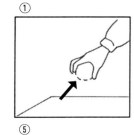
①

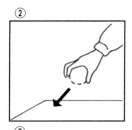
②

③

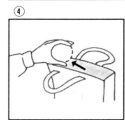
④

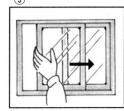
⑤

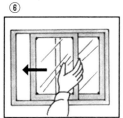
⑥

2. ex. カレンダーを さしてください。

ex.

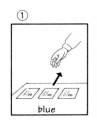
①
blue

②

③

④

⑤

⑥

⑦
show

⑧
listen

⑨
look

EXERCISES III

1. ex. こうさてん

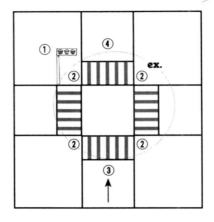

2. ex. まっすぐ　行ってください。

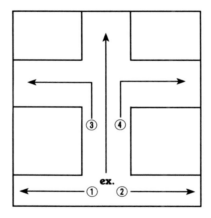

3. ex. しんごうを　左へ　まがってください。

ぎんこう = bank
ゆうびんきょく = post
office

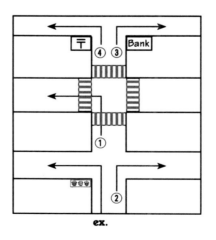

ex. A： まどを　あけましょうか。
B： はい、おねがいします。あけてください。

ex. みどりちゃん、はを　みがいて、かおを　あらってください。

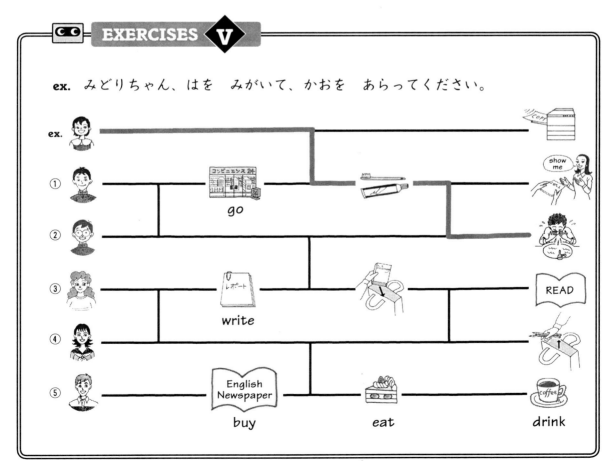

EXERCISES VI

a. ex. あけます → あけて

① しめます → しめて

② みせます → みせて

③ おしえます → おしえて

b. ex. しまいます → しまって

① いいます → いって

② たちます → たって

③ すわります → すわって

④ とります → とって

⑤ はしります → はしって

⑥ まがります → まがって

c. ex. だします → だして

① かします → かして

② はなします → はなして

③ さします → さして

d. ex. のみます → のんで

① よみます → よんで

e. ex. おきます → おいて

① かきます → かいて

② ききます → きいて

③ あるきます → あるいて

④ みがきます → みがいて

✮ VOCABULARY ✮

走って	(-て form of 走ります)
走ります（走る）	run
言います（言う）	say, speak
大きい　こえで　言ってください。	speak loudly
こえ	voice
ゆっくり	slowly
カレンダー	calendar
はさみ	scissors
ファイル	file
黒ばん	blackboard
さします（さす）	point
とります（とる）	take
おきます（おく）	put, place
しまいます（しまう）	put away
出します（出す）	take out
あけます（あける）	open
しめます（しめる）	close
パスポート	passport
こうさてん	intersection, junction
かど	corner
手前	just before
むこう	the other side

MAIN DIALOGUE

Katō-kun phones for pizza.

店の 人： ＡＢＣピザで ございます。

かとう君： ハムと コーンの ピザを 二まい とどけてください。

それから、コーラを 四本 おねがいします。

店の 人： はい、分かりました。

お名前と ご住所を おねがいします。

かとう君： かとうです。 目黒 二ちょう目 三の 一です。

店の 人： 目黒 二ちょう目 三の 一の かとうさま、ハムと

コーンの ピザを 二まいと、コーラを 四本ですね。

☺ かとう君は ピザの 店に 電話を しました。店の 人は

かとう君の 名前と 住所を 聞いて、かとう君の うちに

ピザと コーラを とどけます。

VOCABULARY

ハム	ham
コーン	corn
とどけてください	Please deliver…
とどけます （とどける）	deliver
（ご）住所	(your) address
ご～	(honorific prefix, referring to someone else)
目黒	Meguro (name of area in Tokyo)
二ちょう目	(See JAPAN NEWS on page 22)
～ちょう目	(See JAPAN NEWS on page 22)
かとうさま	Mr. Kato
～さま	politer word for ～さん

SHORT DIALOGUES

①

男の人：　シャッターを　おしましょうか。

バード君：　ありがとうございます。おねがいします。

男の人：　いいですか。一、二の……。

バード君：　あ、ちょっと　待ってください。

②

田中先生：　みんな、できましたか。

みんな：　はい、できました。

田中先生：　じゃあ、黒ばんを　見てください。

　　　　　　いっしょに　読んでください。

③

バード君　：　渋谷駅の　近くへ　行ってください。

うんてんしゅ：　はい。

バード君　：　つぎの　しんごうを　左へ　まがって、まっすぐ

　　　　　　　行ってください。

バード君　：　あの　こうさてんの　手前で　止めてください。

VOCABULARY

シャッター	shutter (on a camera)
おしましょうか	Shall I push?
おします（おす）	push, press
つぎの	the next …
止めてください	Please stop
止めます（止める）	stop

I. Listen to the recording or your teacher and supply the correct telephone numbers as shown in the example.

ex. A: かとう君の　うちの　電話ばんごうは　何ばんですか。

　　　B：　03の　5411の　2274です。

ex. _____かとう君の　うち_____　　　　_____03–5411–2274_____

① _____　　　_____

② _____　　　_____

③ _____　　　_____

④ _____　　　_____

⑤ _____　　　_____

II. Listen to the recording or your teacher and supply the correct answer from a. to h. as shown in the example.

1. ex. つぎの　こうさてんを　左へ　まがってください。右がわに　あります。

　　ex. ___a___　　　① _____　　　② _____

2. ex. 駅を　出て、まっすぐ　行ってください。公園の　かどを　右へ
　　まがってください。左がわの　うちです。

　　ex. ___e___　　　① _____　　　② _____　　　③ _____

1.

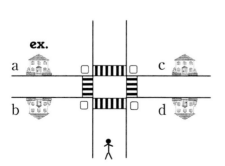

2.

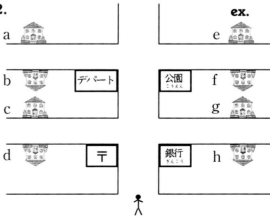

JAPAN NEWS

There is just one thing to remember when writing down an address in Japanese: Always go in the reverse order compared to how you would usually write it in English. Start with the big units, the postal code and the name of the prefecture, and go down on toward the number of the street.

If the address is in Tokyo, the first thing to write down is "*Tōkyō-to*," Tokyo Metropolitan. For most other parts of Japan, it is the "*ken*," the prefecture, as in *Aomori-ken*. Other parts of Japan which are not prefectures are: *Kyōto-fu*, *Ōsaka-fu*, and *Hokkai-dō*.

The next thing to write down is the name of the city, "*shi*," or the ward "*ku*" if the address is in Tokyo.

Next comes the name of the area or the block. This may be the name of the town, "*chō*" or village, "*mura*," or just an area in a ward. This is important because streets in Japan don't usually have names, and so addresses are located by blocks and by splitting these blocks into smaller blocks. Taking the address below as an example, the Otowa area in Bunkyō-ku is actually divided into two blocks, the 1-*chōme* and the 2-*chōme*. The 1-*chōme* is divided in turn into smaller units, the "*banchi*." Some addresses have a number after the *banchi* to correspond to the exact house or building. If the addressee lives in a block of flats, then the room number must be written down too. In practice, the words "*chōme*" and "*banchi*" are abbreviated by dashes.

Now at last, you can write down the name of the addressee. If you are addressing a letter to a person in a company, put the name of the company first.

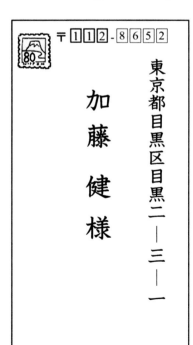

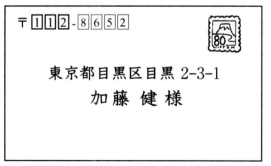

Lesson 33 ASKING PERMISSION

この　ワープロを　使っても　いいですか。

KEY SENTENCES

1. A: ここで　おべんとうを　食べても　いいですか。

　 B: はい、どうぞ。食べてください。

2. A: この　おさらを　使っても　いいですか。

　 B: うーん、それは　ちょっと……。

✦ V O C A B U L A R Y ✦

食べても　いいですか	May I eat …?
（お）さら	plate, dish, bowl
うーん、それは　ちょっと……	Sorry, but …

◆ N E W   K A N J I ◆

白　青　赤　黒　文　使

EXERCISES I

ex. えんぴつで 書いても いいですか。

ex. | ① | ② | ③ | ④
   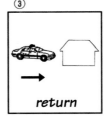 

return   come

EXERCISES II

1. ex. ノートを 借ります。

2. ex. ノートを 借りても いいですか。

ex. | ① | ② | ③ | ④

borrow

3. ex.　かります　→　　かりて
① すてます → すてて
② つけます → つけて
③ けします → けして
④ とります → とって
⑤ もってきます → もってきて

1. ex. バード君： ここで 勉強を しても いいですか。
　　　　　田中先生： はい、どうぞ。 勉強を してください。

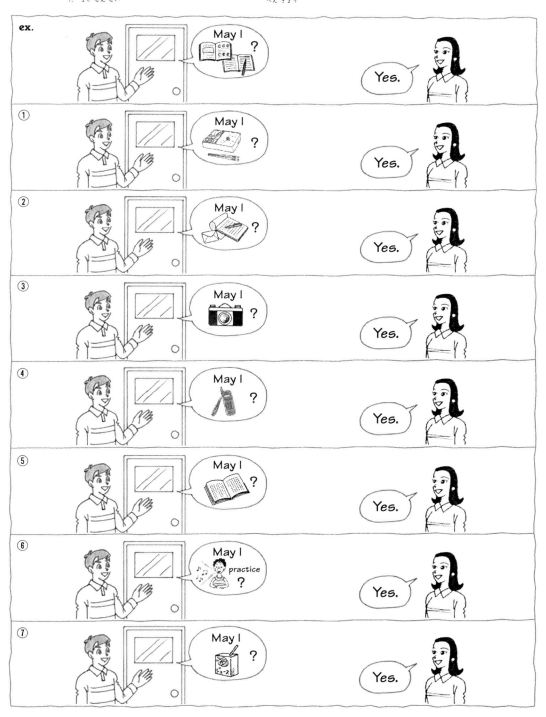

2. ex. バード君 ： この　かさを　借りても　いいですか。
かとう君の　お母さん： うーん、それは　ちょっと……。

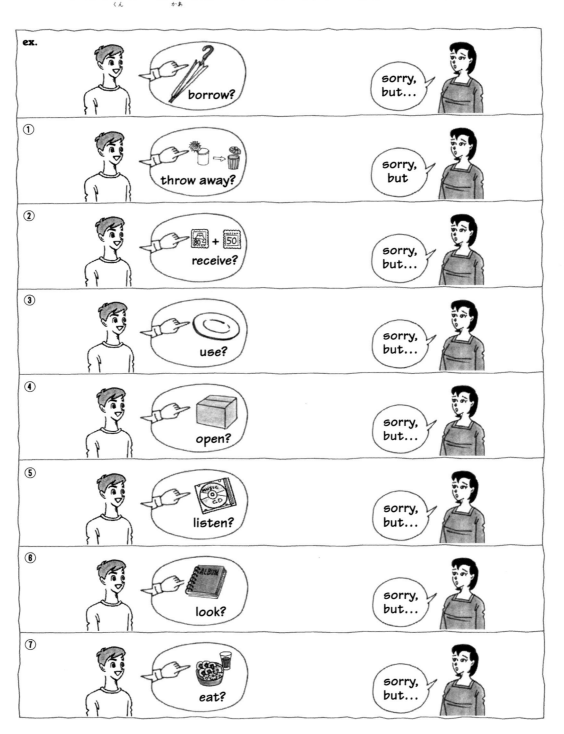

切ります（切る） き き	cut
借ります（借りる） か か	borrow
ごみ	garbage, trash, rubbish
すてます（すてる）	throw away, dispose
電気 でんき	(electric) lights
つけます（つける）	turn on, switch on
けします（けす）	turn off, switch off
持って来ます（持って来る） も き も く	bring
かん	can, tin
アルバム	album

VOCABULARY BUILDER 9 — School Subjects

algebra	だいすう
art	*びじゅつ
biology	せいぶつ
chemistry	か学 がく
English	*えい語 ご
ethics	りんり
geography	ちり
geometry	きか
health	ほけん
history	*れきし
home economics	かていか
Japanese	*日本語 にほんご
mathematics	*すう学 がく
music	*音楽 おんがく
physical education	*たいいく
physics	ぶつり
science	*りか
social studies	社会 しゃかい

*previously learned vocabulary

Bādo-kun asks his host mother if he can use his host father's word processor.

バード君　　　　　　　： あのう、お父さんの　ワープロを
　　　　　　　　　　　　 使っても　いいですか。

かとう君の　お母さん： ええ、どうぞ。使ってください。

バード君　　　　　　　： 社会の　しゅくだいが　あります。
　　　　　　　　　　　　 あしたまでに　はくぶつかんの
　　　　　　　　　　　　 見学に　ついて　書きます。

かとう君の　お母さん： そう。じゃあ、がんばって。

バード君　　　　　　　： はい、がんばります。

☺バード君は　かとう君の　お父さんの　ワープロを　借りて、
さく文の　しゅくだいを　します。

★ VOCABULARY ★

社会 (しゃかい)	social studies
がんばって	Try your best. Good luck!
がんばります（がんばる）	try one's best, stick to it

SHORT DIALOGUES

1

先ぱい　　　　：　ちょっと　これを　借りても　いい？

バード君　　　：　はい、いいですよ。

先ぱい　　　　：　いつまで　だいじょうぶ。

バード君　　　：　来しゅうまで　いいですよ。

2

バード君　　　：　この　青い　紙を　もらっても　いい？

ラモスさん：　うん、いいわよ。どうぞ。赤いのも　あげる。

3

田中先生　　　：　日よう日に　りゅう学生の　会ぎが　あります。

　　　　　　　　　あさ　十時までに　来てください。

バード君　　　：　しふくで　来ても　いいですか。

田中先生　　　：　いいえ、いけません。せいふくで　来てください。

VOCABULARY

借りても　いい？	May I borrow...?, May I use...? (informal speech for 借りても　いいですか)
～わよ	(Female informal speech ending)
赤いの	the red one (See NOTE)
りゅう学生	international student, overseas student
会ぎ	meeting, conference
しふく	plain clothes, not in uniform
いけません	That won't do.

 The particle の can be used as a pronoun after adjectives—as in 赤いの and きれいな —when both the speaker and the listener know what is being talked about.

1. Listen to the recording or your teacher and answer the questions as shown in the example.

ex. A： これは　いくらですか。

　　B： 一本　九十円です。
　　　　 いっぽん　きゅうじゅうえん

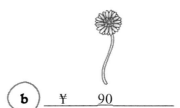

ex. a ____¥_____   ⓑ ____¥___90_____

① a ____¥_____   b ____¥_____

② a ____¥_____   b ____¥_____

③ a ____¥_____   b ____¥_____

④ a ____¥_____   b ____¥_____

⑤ a ____¥_____   b ____¥_____

2. Listen to the recording or your teacher and write a ○ when permission is given and a × when it is not given as shown in the examples.

ex. 1.

A： この　ノート、借りても　いいですか。

B： どれですか。

A： これです。

B： ああ、いいですよ。

ex. 2.

A： この　ノート、借りても　いいですか。

B： あ、すみません。今　使いますから。

ex. 1. （○） **ex. 2.** （×） ① （　） ② （　） ③ （　） ④ （　） ⑤ （　） ⑥ （　）

JAPAN NEWS

Gambaru is a word that is used very often indeed in Japanese. It is difficult to find an exact translation in English, but it means something like "to stick to something," "to be gutsy," or "to not give up." The idea of doing one's best and of not disappointing people is very important to the Japanese. Whenever a new player joins a sports team and makes an official first greeting, he promises his teammates that he will *gambaru*. When people start at a new job they, too, announce to their colleagues that they will try their hardest by using this word. A person who always tries to do his very best is called a *gambariya-san* and is very much admired.

In sports events spectators often call out "*gambare*" or "*gambarinasai*," meaning "go for it" (if things are looking good) or "Hang in there! Stick it out!" (if things are not looking so good) to encourage the players. Once the match is over you will hear the expression "*yoku gambatta*" which means "You really gave it your all out there."

NOW IN PROGRESS

カメラを　さがしています。

KEY SENTENCES

1. バード君は　今　電話を　しています。
2. A：　れんしゅうは　終わりましたか。
   B：　いいえ、まだ　しています。

VOCABULARY

電話を　しています	is calling
終わります（終わる）	to be over, to be finished
まだ	still

NEW KANJI

石　今　外　間　音　楽

EXERCISES I

a. ex. かんがえます

| ex. | ① research | ② cut |

b. ex. シャワーを　あびます

EXERCISES II

ex. バード君は　ごはんを　食べます。
バード君は　ごはんを　食べています。
バード君は　ごはんを　食べました。

ex.

①

③

EXERCISES III

1. ex. 田中先生は　日本語を　おしえています。

2. ex. A：田中先生は　何を　していますか。
B：日本語を　おしえています。

ex.

① learn
② listen
③ おりがみ　cut

④ wash
⑤ history
⑥ wait

1. ex. A： しゅくだいは　できましたか。

B： いいえ、まだ　しらべています。

ex.  ① ②  ③

research　　　　　　　　　think

2. ex. A： パーティーの　じゅんびは　できましたか。

B： いいえ、まだ　そうじを　しています。

ex.  ①  ②  ③

✩ V O C A B U L A R Y ✩

かんがえます（かんがえる）	think about
しらべます（しらべる）	investigate, find out
シャワーを　あびます（シャワーを　あびる）	take a shower
シャワー	shower
ならべます（ならべる）	line up
りょうりを　します（りょうりを　する）	cook, make dinner
じゅんび	preparations

The Katō family and Bādo-kun are getting ready to go out to a theme park.

かとう君の　お母さん　：　さあ、時間です。出かけますよ。
　　　　　　　　　　　　　みどり、ハンカチを　持ちましたか。

みどりちゃん　　　　　：　あっ、忘れました。すぐ　持って来ます。

かとう君の　お母さん　：　けんたちは？

みどりちゃん　　　　　：　おにいちゃんは　まだ　かおを
　　　　　　　　　　　　　あらっています。
　　　　　　　　　　　　　バード君は　カメラを　さがしています。

かとう君の　お母さん　：　じゃあ、外に　いますよ。

みどりちゃん　　　　　：　おにいちゃん、バード君、早く。

☺ バード君は　かとう家の　人たちと　ゆうえんちへ　行きます。
　お母さんと　みどりちゃんは　じゅんびが　できましたが、
　バード君と　かとう君は　まだ　じゅんびを　しています。
　みどりちゃんは　げんかんで　バード君たちを　よんでいます。
　お母さんは　外で　待っています。

★ VOCABULARY ★

さあ	well
出かけます（出かける）	go out
持ちます（持つ）	have
すぐ	soon, right away
さがします（さがす）	look for, search
外	outside, outdoors
早く	Hurry up! Be quick!
かとう家	the Kato family
～家	-family
ゆうえんち	amusement park, theme park
よびます（よぶ）	call out, beckon

SHORT DIALOGUES

1

田中先生 ： かとう君は　いますか。

バード君 ： いいえ、いません。音楽しつに　います。

コンサートの　れんしゅうを　しています。

2

バード君 ： あっ、かめ。

ラモスさん： どこ。

バード君 ： あの　大きい　石と　小さい　石の　間。

ラモスさん： あっ、うごいてる。

VOCABULARY

かめ	turtle, tortoise
間	between (in terms of space)
うごいてる	(informal for うごいています) (See NOTE)
うごきます（うごく）	move

LISTENING 4

Listen to the recording or your teacher and write a ◯ against an accurate statement and a ✕ against a false statement as shown in the example.

ex. （◯）きょうは　土よう日です。

① （　）今、朝の　六時です。

② （　）お父さんは　てんぷらを　つくっています。

③ （　）お母さんは　サラダを　つくっています。

④ （　）かとう君は　おさらを　あらっています。

⑤ （　）バード君は　テレビを　見ています。

⑥ （　）みどりちゃんは　勉強を　しています。

> NOTE It is very common for the い of いる in the progressive tense to be omitted in informal speech. Thus, うごいている becomes うごいてる.

EXPRESSING DESIRES

冬休みに　スキーに　行きたいです。
ふゆ やす　　　　　　　　　 い

KEY SENTENCES

1. バード君は　長野へ　スキーに　行きます。
   くん　　なが の　　　　　　　　 い

2. 木村さんは　うちへ　ＣＤを　聞きに　来ました。
   き むら　　　　　　　　　　　　 き　　 き

3. 私は　長野へ　スキーに　行きたいです。
   わたし　　なが の　　　　　　　 い

4. 私は　びじゅつかんで　しゃしんを　とりたかったです。
   わたし

VOCABULARY

に	to (particle showing purpose)
とりたいです	I want to take (a picture)
～たいです	I want to …

NEW KANJI

私　寺　社　春　夏　秋　冬

EXERCISES I

a. ex. ダイビング

b. ex. あそびます

EXERCISES II

1. a. ex. 海へ ダイビングに 行きます。
　　　うみ　　　　　　　　い

　b. ex. 海へ およぎに 行きます。
　　　うみ　　　　　　　い

2. a. ex. 山へ キャンプに 来ました。
　　　やま　　　　　　　き

　b. ex. 山へ むしを とりに 来ました。
　　　やま　　　　　　　き

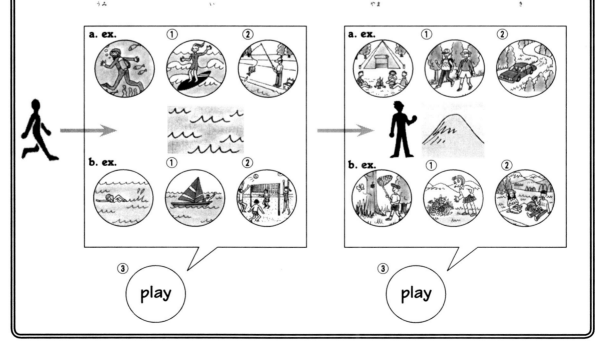

③ play

③ play

ex. 1 日よう日に　東京タワーへ　行きたいです。

ex. 2 きょう　学校へ　行きたくないです。

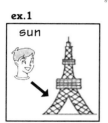
ex.1 sun

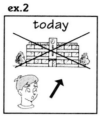
ex.2 today

① sat.

② at 6:00　use

③ now

④ tonight in New York

⑤ tomorrow

⑥ winter vacation

⑦ summer vacation

ex.	いきます	a. いきたいです	b. いきたくないです
①	あそびます	a. あそびたいです	b. あそびたくないです。
②	およぎます	a. およぎたいです	b. およぎたくないです。
③	ききます	a. ききたいです	b. ききたくないです
④	なります	a. なりたいです	b. なりたくないです。
⑤	たべます	a. 食べたいです	b. 食べたくなです。
⑥	みます	a. 見たいです	b. 見たくなです
⑦	しらべます	a. しらべたいです	b. しらべたくないです
⑧	テニスを　します	a. テニスをしたい	b. テニスをしたくなです。
⑨	きます	a. きたいです	b. きたくないです。

四十一　41

EXERCISES V

ex. 木村さんの　うちへ　あそびに　行きたいです。
きむら　　　　　　　　　　　　　　　い

EXERCISES VI

1. ex. えいがを　見たかったですが、時間が　ありませんでしたから、
　　　　　　　　み　　　　　　　　　じかん
　　　見ませんでした。
　　　　み

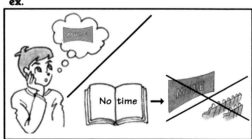

2. ex.　バード君　　　　　　　　：勉強したくなかったですが、少し　しました。

　　　かとう君の　お母さん：どうしてですか。

　　　バード君　　　　　　　　：しけんが　ありましたから。

☆ V O C A B U L A R Y ☆

ダイビング	scuba diving	むし	insect, bug
サーフィン	surfing	とります（とる）	hunt, catch
つり	fishing	ピクニック	picnic
ハイキング	hiking	東京タワー	Tokyo Tower
ドライブ	driving	なります（なる）	become
あそびます（あそぶ）	play		
およぎます（およぐ）	swim		
ヨット	yacht		
ビーチバレー	volleyball (played on the beach)		
むしを　とります	hunt for insects		

MAIN DIALOGUE

Tanaka-sensē is talking with Ramosu-san and Bādo-kun about what they want to do during the winter vacation.

田中先生　：　冬休みに　何を　したいですか。

バード君　：　長野へ　スキーに　行きたいです。

ラモスさん：　私は　十二月　三十一日に　お寺へ　行って、
　　　　　　　一月　一日に　じん社へ　行きたいです。
　　　　　　　それから　お正月の　りょうりを　食べたいです。

バード君　：　先生は　何を　しますか。

田中先生　：　私は　おんせんへ　行きたいですが、
　　　　　　　時間が　ありません。

☺田中先生は　バード君と　ラモスさんに　冬休みに　ついて
　　聞きました。

VOCABULARY

おんせん	hot spring, spa

JAPAN NEWS

Japan is a geologically unstable country with many volcanoes and earthquakes. A good side-effect of this is the large number of naturally occurring hot springs that are found all over the country. These hot springs are called *onsen*.

Onsen have been very popular with the Japanese for centuries and are still visited by people of all ages for vacations today. But they are not visited simply for pleasure. The hot water at many *onsen* has special chemical properties which can help with chronic health problems like rheumatism or stomach pain. That is why older Japanese people are particularly fond of *onsen*.

The Japanese are very serious about bathing even at home, but in the *onsen* bathing becomes an art. After you have washed yourself with hot water, you can choose from a variety of baths. Will you soak in the *rotenburo* (an out-of-doors bath, often in a picturesque setting, by a mountain stream, for instance, or even by the sea). Or will you opt for the *konyoku*, the bath where men and women soak together? Whichever option you select, one thing is guaranteed: As you sit in the tub gazing at the view, you'll feel all your cares boil away!

 たい is primarily used to express the speaker's desire and cannot usually be used about third persons or when addressing people who are deemed superior to you. You make it a question by adding the question particle か as in the first sentence of the Main Dialogue. Here, Tanaka-sensē is talking to her students so it is all right for her to use the たい form. Note, however, that when asking his teacher, Mike says せんせいは　なにを　しますか。

SHORT DIALOGUES

1

かとう君：　学校へ　行きたくないな。

バード君：　どうして。

かとう君：　きょう　えい語の　しけんが　あるから。

2

山本君　：　バード君の　お父さんは　べんごしだね。

　　　　　バード君も　べんごしに　なりたい？

バード君：　ううん。ぼくは　サッカーの　プロに　なりたい。

3

木村さん：　たんじょう日の　プレゼントは　何が　いい？

バード君：　ＣＤが　ほしい。　新しい　ＣＤを　聞きたいな。

VOCABULARY

行きたくないな	I don't want to go to …
な	sentence-final particle used in monologue or emotional situations
なりたい	want to become … (informal speech for なりたいです .)
プロ	a professional
ほしい	want
聞きたいな	I want to listen to …

JAPAN NEWS

One of the favorite pastimes for Japanese children during the long summer vacation is *mushi-tori* or "insect catching." Nets for catching insects are sold in stores, but if you do not have one handy, you can use your hat or even your hands. All-time favourites include *chō-chō*, "butterfly," *semi*, "cicada," and *tombo*, "dragonfly." The king of all insects is *kabutomushi*, a giant beetle that uses its horn to fight other male *kabutomushi*.

Kabutomushi have become rarer with the loss of woodland in Japan, but there are now farms that breed them and sell them to shops in big cities, so children still get a chance to see them close at hand. It's not just the kids that want to have *kabutomushi* as pets. Some specialist stores sell *kabutomushi* of exceptional size imported from South East Asia. These are sometimes sold for over 100,000 dollars per beetle!

In classical Japanese literature, insects, especially their songs in late summer and autumn, are often mentioned. Even today, insects are sometimes kept in small cages inside the house just to be listened to.

LISTENING ⑤

What do you want to do during the summer vacation? Listen to the recording or your teacher and write a ○ for the things you want to do and a × for the things that you don't want to do.

ex. れきしの　本を　読みます。（○）

① (　　) ② (　　) ③ (　　) ④ (　　) ⑤ (　　)

⑥ (　　) ⑦ (　　) ⑧ (　　) ⑨ (　　) ⑩ (　　)

Next write out what you most want to do and what you most want not to do during the summer vacation.

私は　夏休みに＿＿＿＿＿＿＿＿＿＿＿＿＿＿＿＿たいです。

私は　夏休みに＿＿＿＿＿＿＿＿＿＿＿＿＿＿＿たくないです。

JAPAN NEWS

Japanese schools' summer vacation lasts for about forty days, from July 20 through August 30. Japanese schoolchildren are given homework for the summer. They usually make a plan at the beginning of the holiday to do a certain amount of this every day. They usually fail to keep their schedule and so end up having to do all their homework in a big hurry in the last few days of the vacation! Schoolchildren often go on a training camp or *gasshuku* with the other members of the school club they belong to. For instance, if they belong to the brass band they might go away for up to a week in the country and practice music together all day. If they belong to the soccer club, they will go somewhere and practice soccer intensively.

Japanese families often go all together to visit their relations in Japan over the summer, though an increasing number of families go abroad. Sometimes the father can only get time off in mid-August around the five-day Bon festival. Since almost everyone in Japan is off work at this time, the roads are jammed, hotels are all booked up and everywhere is crowded and expensive, making this the worst period to have a holiday!

THE PRESENT CONDITION

おばあさんは　ニューヨークに　住んでいます。

KEY SENTENCES

1. おばあさんは　ニューヨークに　住んでいます。

2. かとう君は　川田先ぱいの　住所を　知りません。

3. 山本君は　じてん車を　持っています。

住んでいます	live (*lit.* is living)
住みます（住む）	live, dwell, reside
川田先ぱい	(See NOTE.)
知りません	don't know
知っています	know (*lit.* is knowing)
知ります（知る）	know
持っています	have

NEW KANJI

川　住　所　知　売　買　持

 せんぱい can be added as suffix to a person's name in the same way as さん or せんせい.

EXERCISES I

ex. 着_きもの。

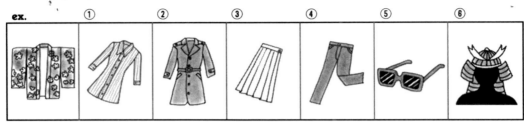

ex. ① ② ③ ④ ⑤ ⑥

EXERCISES II

1. ex. 着_きものを 着_きます。(R2)

ex.

① ② ③

2. ex. スカートを はきます。(R1)

ex.

 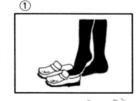 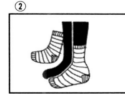 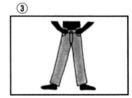

① ② ③

3. ex. ネクタイを します。(ⅠR)

ex.

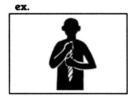  

① ② ③

4. ex. めがねを かけます。(R2)

ex. ①

5. ex. ぼうしを かぶります。(R1)

ex. ①

ex. けっこんします。
けっこんしました。
けっこんしています。

ex.

①

②

③

ex. かとう君は　たっています。
　　　くん

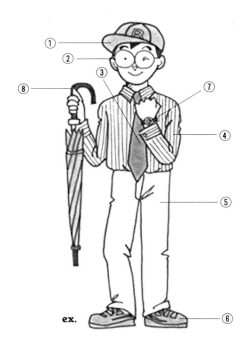

① ② ⑧ ③ ⑦ ④ ⑤ ⑥ ex.

EXERCISES Ⅴ

1. ex.　**a.**　田中先生は　東京中学の　近くに　住んでいます。
　　　　　　　　たなかせんせい　とうきょうちゅうがく　ちか　　　す

　　　　b.　田中先生は　けいたい電話を　持っています。
　　　　　　　たなかせんせい　　　　　てんわ　　　も

　　　　c.　田中先生は　えい語の　うたを　知っています。
　　　　　　　たなかせんせい　　ご　　　　　　し

2. ex.　**a.**　A：　田中先生は　どこに　住んでいますか。
　　　　　　　　　　たなかせんせい　　　　　す

　　　　　　　B：　東京中学の　近くに　住んでいます。
　　　　　　　　　とうきょうちゅうがく　ちか　　す

　　　　b.　A：　田中先生は　何を　持っていますか。
　　　　　　　　　たなかせんせい　なに　も

　　　　　　　B：　けいたい電話を　持っています。
　　　　　　　　　　　てんわ　　も

　　　　c.　A：　田中先生は　何を　知っていますか。
　　　　　　　　　たなかせんせい　なに　し

　　　　　　　B：　えい語の　うたを　知っています。
　　　　　　　　　ご　　　　　し

	ex.	①	②	③
a.　住んでいます す	東京中学校 とうきょうちゅうがっこう near		COLORADO DENVER NEW YORK LOS ANGELES	New York
b.　持っています も				pearl
c.　知っています し	English song	漢字 聞 読 飲		how to make

ex. A： 電ちは どこで 売っていますか。

B： カメラ屋で 売っています。

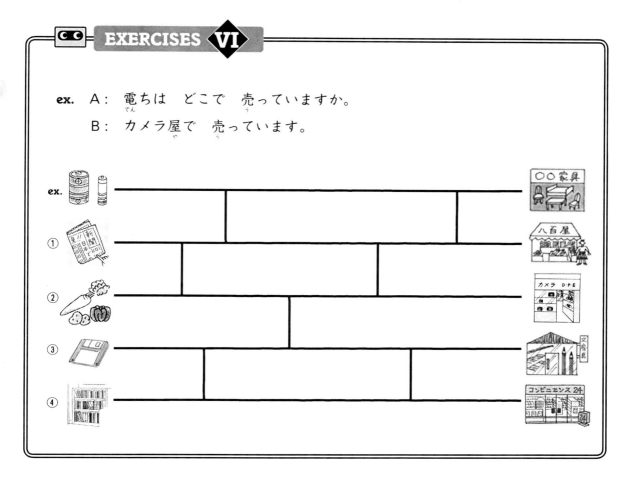

JAPAN NEWS

Japanese people have a thing about stationery. From expensive calligraphy brushes to cute pink pencils, there is no end to the variety of stationery products that can be purchased.

At Japanese schools, children are instructed to use pencils and to always have an eraser at hand, perhaps because learning to write with kanji is a complicated business. So companies making stationery produced boxy pencil cases decorated with popular TV characters. Like fashion in clothes, certain items would become extremely popular, and then fall out of fashion. There were erasers in the shape of Ferraris and Lamborghinis and erasers flavored like strawberry cake.

There are stores dedicated entirely to stationery, and these are colorful and always full of customers.

⭐ V O C A B U L A R Y ⭐

着もの	kimono
ワンピース	dress
コート	coat
スカート	skirt
ズボン	trousers
サングラス	sunglasses
かぶと	samurai helmet
着ます（着る）	wear
はきます（はく）	wear (skirt, trousers, shoes, etc.)
します（する）	wear (a tie, scarf, etc.)
かけます（かける）	wear (spectacles)
かぶります（かぶる）	wear (a hat)
けっこんします（けっこんする）	marry
けっこん	marriage
しま	stripe
スニーカー	sneakers
しんじゅ	pearl
売っています	sell
売ります（売る）	sell
やお屋	greengrocer
文ぼうぐ屋	stationer
文ぼうぐ	stationery
かぐ屋	furniture store
かぐ	furniture
フロッピー	floppy disk

VERBS 3

Japanese verbs can be broadly divided into Regular and Irregular verbs. します and きます are the only two irregular Japanese verbs. There are two types of regular verbs, Regular I and Regular II verbs. The final syllable of the stem of a Regular II verb does not change in any of the verb's conjugations.

				– ます form	– て form
Regular I	1. -<u>っ</u>て	-<u>い</u>ます		あ<u>い</u>ます い<u>い</u>ます か<u>い</u>ます *<u>い</u>きます	あ<u>って</u> い<u>って</u> か<u>って</u> い<u>って</u>
		-<u>ち</u>ます		ま<u>ち</u>ます た<u>ち</u>ます	ま<u>って</u> た<u>って</u>
		-<u>り</u>ます		かえ<u>り</u>ます と<u>り</u>ます の<u>り</u>ます	かえ<u>って</u> と<u>って</u> の<u>って</u>
	2. -<u>いて</u>	-<u>き</u>ます		お<u>き</u>ます か<u>き</u>ます き<u>き</u>ます	お<u>いて</u> か<u>いて</u> き<u>いて</u>
	3. -<u>ん</u>で	-<u>び</u>ます		あそ<u>び</u>ます よ<u>び</u>ます	あそ<u>ん</u>で よ<u>ん</u>で
		-<u>み</u>ます		の<u>み</u>ます よ<u>み</u>ます	の<u>ん</u>で よ<u>ん</u>で
	4. -<u>して</u>	-<u>し</u>ます		け<u>し</u>ます はな<u>し</u>ます	け<u>して</u> はな<u>して</u>
Regular II				おきます みます あけます おしえます しめます たべます つけます みせます	おきて みて あけて おしえて しめて たべて つけて みせて
Irregular				します きます もってきます	して きて もってきて

* verb that is an exception to the general rule

A letter arrived from Bādo-kun's grandmother.

田中先生： アメリカからですか。

バード君： はい、そぼからです。

田中先生： おばあさんは　どこに　住んでいますか。

バード君： ニューヨークです。セントラルパークを
　　　　　知っていますか。

田中先生： はい、知っていますよ。ゆう名な　公園ですね。

バード君： そぼは　セントラルパークの　近くに　住んでいます。

☺バード君の　おばあさんから　手紙が　来ました。
　おばあさんは　ニューヨークの　セントラルパークの　近くに
　住んでいます。

| ニューヨーク | New York |
| セントラルパーク | Central Park |

SHORT DIALOGUES

1

木村さん： かわいい けしゴムね。どこで 買ったの。

バード君： デパートで。

山本君 ： ぼくも おなじのを 持っているよ。 学校の 売店で 売っているよ。

2

バード君： 川田先ぱいの 住所を 知っている？

かとう君： ううん、知らない。山本君に 聞いて。

3

田中先生： お母さんは つとめていますか。

木村さん： いいえ、つとめていません。 こうこく会社で アルバイトを しています。

VOCABULARY

売店	stall, stand, concession
こうこく会社	advertising agency
こうこく	advertisement
つとめています	is working full-time
つとめます（つとめる）	work full-time
アルバイトを します	do part-time work
アルバイト	part-time job

Listen to the recording or your teacher. Mark a correct sentence with a ◯ and an incorrect sentence with a ✕.

ex. (◯) かとう君は　サッカーの　ボールを　持っています。

① （　）くつは　六かいで　売っています。

② （　）田中先生の　おにいさんは　けっこんしています。

③ （　）田中先生は　学校の　近くに　住んでいます。

④ （　）バード君は　白い　ズボンを　はいています。

⑤ （　）かとう君は　青い　セーターを　着ています。

⑥ （　）バード君は　川田先ぱいの　うちの　電話ばんごうを　しりません。

JAPAN NEWS

Arubaito (often abbreviated just to *baito*) comes from the German word "arbeit" which simply means "work." In its Japanese usage, however, *arubaito* does not mean work in general (for this we would use *shigoto*), but refers only to part-time or short-term jobs.

It is very common for Japanese students to get a part-time job while preparing for college examinations and then while studying at university. They use the money they earn from their *arubaito* to top up the money they receive from their parents, especially if they are living away from home and having to rent an apartment.

Part-time jobs that are popular with students include working in fast food restaurants and in convenience stores. Although the pay for such work is not that high, you can often earn more by working the night shift.

Once the children are old enough to go to school, married women also often get some kind of part-time job a number of days each week to top up the family income and to get out of the house.

Lesson 37 · PLEASE DON'T

じ書を　見ないでください。
しょ　　　み

KEY SENTENCES

1. ここで　しゃしんを　とらないでください。

2. A： じ書を　見ても　いいですか。
　　　　しょ　　み

　 B： いいえ、見ないでください。しけんですから。
　　　　　　み

VOCABULARY

とらないでください	Don't take (it).
〜ないでください	(Please) don't do …
しけん	test, exam

NEW KANJI

切　始　終　書　禁　話

NEW READINGS

大切
　たい

EXERCISES I

1. a. ex. たばこを　すいます　　　　**b. ex.** ピアスを　します

ex. 　① 　② 　③

ex. 　①

2. a. ex. しばふ　　　　**b. ex.** 禁えん
_{きん}

ex. 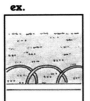　① 　②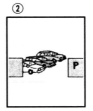

ex. 　① 　②

EXERCISES II

Don't

1. ex. びょういんで　たばこを　すわないでください。

ex. 　① 　②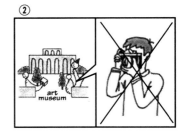

③ 　④ 　⑤

2. ex. えに　さわらないでください。

ex.
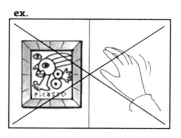

①
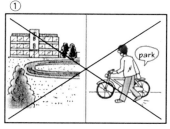

②

③
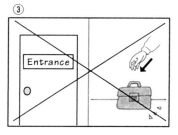

④
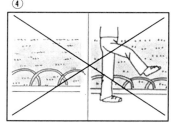

3. ex. 学校へ　けいたいを　持って来ないでください。
がっこう　　　　　　　　も　　こ

ex.
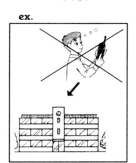

①

②

③
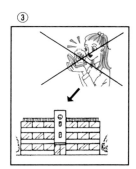

4. ex. ここは　禁えんですから、　たばこを　すわないでください。
きん

ex.

①

②

EXERCISES III

a. ex.　すいます　→　_____すわない_____

① おきます　→　_____おかない_____
　　(put)

② とります　→　_____とらない_____

③ はいります　→　_____はいらない_____

④ さわります　→　_____さわらない_____

⑤ のみます　→　_____のまない_____

⑥ あそびます　→　_____あそばない_____

b. ex.　とめます　→　_____とめない_____

① すてます　→　_____すてない_____

② みます　→　_____みない_____

③ しめます　→　_____しめない_____

④ あびます　→　_____あびない_____

c. ex.　します　→　_____しない_____

① きます　→　_____こない_____
　　(come)

1. ex. バード君： じ書を 見ても いいですか。

田中先生： いいえ、見ないでください。しけんですから。

ex.

①

②

③

④

2. ex. バード君_{くん} ：　げんかんに　スキーを　おいても　いいですか。

かとう君_{くん}の　お母_{かあ}さん：　うーん、おきゃくさんが　来_きますから、
おかないでください。へやに　おいてください。

ex.

①

②

③

④

たばこ	cigarette
すいます（すう）	smoke (a cigarette, pipe, etc.)
おしゃべりを　します（する）	chat, talk
おしゃべり	chatting
さわります（さわる）	touch
止めます（止める） と　　　　と	park (a car, bicycle, etc.)
ピアス	earrings
けしょう	makeup
しばふ	lawn, grass
タオル	towel
ちゅう車じょう しゃ	car park
禁えん きん	no smoking
ちゅう車禁止 しゃきんし	no parking
さつえい禁止 きんし	no photography
スキー	ski (equipment)
（お）きゃくさん	visitor, guest
きゃく	visitor, guest

JAPAN NEWS

Piasu refers to ear piercing or the earrings for pierced ears.

Ear piercing has never been a widespread custom in Japan, but has become increasingly popular and fashionable with young people. It is now not rare to see a young woman with pierced ears, sometimes several on one ear. It is still quite rare to see a man with pierced ears or a person who has pierced other parts of the body.

It is now particularly popular with high school students to have their ears pierced. But in many schools, it is still against the rules to do so. Some shops sell clear, flat plastic earrings that disguise the pierced ears. Once out of the school, students can change these for proper earrings of their choice.

The pupils in Tanaka-sensē's class are going to take a test.

田中先生： みんな　しずかに　してください。しけんを　始めます。
　　　　　 本や　ノートを　しまってください。
　　　　　 まず　名前を　書いてください。

バード君： 先生、じ書を　見ても　いいですか。

田中先生： いいえ、しけんですから、見ないでください。

バード君： はい、分かりました。

田中先生： かとう君、となりの　人と　話さないでください。

かとう君： はい、すみません。

⭐ V O C A B U L A R Y ⭐

しずかに　してください	Please be quiet. Silence!
始めます（始める）	begin, start

SHORT DIALOGUES

1

田中先生 ： あしたは　七時までに　来てください。
バスが　すぐ　出ますから、ぜったいに　おくれないで
ください。

みんな ： はい、分かりました。

田中先生 ： メモちょうを　わすれないでください。

2

みどりちゃん： あ、それ　すてないで。

バード君 ： え？

みどりちゃん： まだ　使うから。

3

田中先生 ： だれのですか。

かとう君 ： 私のです。

田中先生 ： これは　大切な　ものですから、なくさないでください。

VOCABULARY

	ぜったいに	absolutely
	メモちょう	note pad
R2	おくれます（おくれる）	be late
R2	わすれます（わすれる）	forget
	大切な	(–な adj.) important
	もの	thing
R1	なくします（なくす）	lose

T A S K ㉑

学校へ けいたい電話を 持って来ないでください。
がっこう　　　　　　　　　　 でん わ　　　　 も　　こ

Student A is a student and Student B is a teacher. Student A pretends to break the school rules and Student B tells him or her to stop. The pictures below describe all the school rules. Switch roles after going through all the school rules.

ex. A:

B: 学校に けいたい電話を 持って来ないでください。
　 がっこう　　　　　　でん わ　　　　 も　　こ

REFERENCE
ジーンズ　jeans
つれて来ます（つれて来る）　take along, go with (someone, something)
　　　き　　　　　　　く

JAPAN NEWS

Japanese school rules are quite strict, and cover all sorts of things that are not regulated in other countries. The rules, for example, regulate what make of satchel students should carry their books to school in, how long the girls' skirts have to be, and the height of the boys' collars! Girls are forbidden to wear make-up, to have pierced ears, or to dye or perm their hair. Boys are allowed hair up to shoulder-length, but no longer. Other rules forbid bringing comic books and mobile phones into school.

Of course, school kids often bring mobile phones to school, but simply switch them off while there. In fact it seems as if though the school rules are still there, they are not enforced very strictly anymore. Recently, for example, many girls have started to dye their hair blond, but the school authorities do not take any action against them.

Lesson 38 OBLIGATIONS

しゅくだいを　しなければ　なりません。

KEY SENTENCES

1. 毎晩　しゅくだいを　しなければ　なりません。
   まい ばん

2. A:　あしたの　朝　早く　おきなければ　なりませんか。
         あさ はや

   B:　はい、五時に　おきなければ　なりません。
          ご じ

3. A:　毎日　そうじを　しなければ　なりませんか。
       まい にち

   B:　いいえ、毎日　しなくても　いいです。
            まい にち

☆ V O C A B U L A R Y ☆

おきなければ　なりません	must get up
～なければ　なりません	must, have to
しなくても　いいです	don't have to do (it), no need to do (it)
～なくても　いいです	don't have to ..., no need to ...

◇ N E W   K A N J I ◇

字　毎　語　午　後　電

◇ N E W   R E A D I N G S ◇

きょう中
じゅう

EXERCISES I

ex. レポートを 出します

    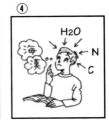

EXERCISES II

I have to...

ex. せいふくを 着なければ なりません。

by 8:00

at 7:45

until 3:20

every day
homework

tomorrow morning
at 5:00

tonight
early

by next week

by the day after tomorrow

ex. 山本君の　お母さん　：　今晩　コンサートに　行きませんか。
　　　　　　　　　　　　　　　　　やまもとくん　　　かあ　　　　こんばん

　　バード君　　　　　　：　すみませんが、しけんの　勉強を　しなければ
　　　　くん　　　　　　　　　　　　　　　　　　　　　べんきょう
　　　　　　　　　　　　　　　　なりません。

ex.

①

②

③

EXERCISES Ⅳ

There's no need to...

1. ex. 早く　おきなくても　いいです。

ex.
early

①

②

③

④

2. ex. ラモスさん：　毎日　そうじを　しなければ　なりませんか。

田中先生　：　いいえ、毎日　しなくても　いいです。

ex.

every day ?　No.

①

in Japanese REPORT ?　No.

②
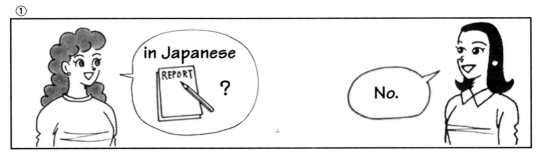
～ p. 50 ?　No.

✪ V O C A B U L A R Y ✪

出します（出す）	submit
ぬぎます（ぬぐ）	take off (clothes)
はらいます（はらう）	pay
おぼえます（おぼえる）	remember
きょう中	by the end of today
〜中	by the end of ..., within ...
今しゅう中	by the end of this week, within this week
〜中	by the end of ..., within ...

MAIN DIALOGUE

Tanaka-sensē invites Bādo-kun to an ESS event.

田中先生：日よう日に　えい語部の　はっぴょう会が　あります。
　　　　　見に　行きませんか。

バード君：はい、行きたいです。何時からですか。

田中先生：十時からですよ。

バード君：朝ですか。朝は　うちに　いなければ　なりません。
　　　　　午後から　おきゃくさんが　来ますから、そうじを
　　　　　手つだわなければ　なりません。

田中先生：ざんねんですね。じゃ、また　こんど。

☺日よう日に　えい語部の　はっぴょう会が　ありますが、バード君は
そうじを　手つだわなければ　なりませんから、はっぴょう会を
見に　行きません。

VOCABULARY

えい語部	English conversation club
～部	–club
はっぴょう会	recital
はっぴょう	announce, publish
手つだいます（手つだう）	help
こんど	next time

SHORT DIALOGUES

1

バード君： あした　七時半までに　学校へ　行かなければ　なりません。

先ぱい　： 何が　あるの。

バード君： おうえんの　れんしゅうが　あります。

2

先ぱい　： さいきん　日本語の　勉強は　どう。

バード君： 大へんです。　毎日　漢字を　十字ずつ　おぼえなければ
なりません。

一しゅう間に　二かい　テストが　あります。

3

かとう君の　お母さん： どうして　おそく　なったの。

バード君と　かとう君： すみません。としょかんで　勉強していました。

かとう君の　お母さん： そう。電話を　しなければ　なりませんよ。

バード君と　かとう君： はい、これから
気を　つけます。

VOCABULARY

おうえん	support, cheering
さいきん	recently, lately
大へんな	difficult (–な adj.)
～字	(counter for characters, letters, etc.)
～ずつ	at a time
二かい	twice
おそく　なった	It's gotten late.
おそく	late
これから	from now on
気を　つけます（気を　つける）	be careful

T A S K ㉒

きょう中に　何を　しなければ　なりませんか。

1. Write down the things that you must do within the set time limits.

ex. しゅくだいを　したくないですが、きょう中に　しなければ　なりません。

① まどを あけたくない 〈ですが〉 きょう中に あけなけなければなりませ〈ん〉。

② ドイツのべんきょうをしたく 〈ないですが〉 あした中に しなければ なりません。

③ へやでそうじ をしたくない 〈ですが〉 今しゅう中に しなければなりません。

④ りょうりを手ったくない 〈ですが〉 今月中に 手っだわなければなりません。

2. Write down the things that you don't have to do within the set time limits.

ex. きょう中に　そうじを　しなくても　いいです。

① きょう中に うちで そうじを しなくてもいいです。

② あした中に ドイツ語 を 話さなくてもいいです。

③ 今しゅう中に シャワー をあばなくてもいいです。

④ 今月中に すう学 を ならなくてもいいです。

SUMMARY TABLE ••

		-ない form		-ます form		English
VERBS 4						
Regular I	あ					
	か	か<u>か</u>ない	き	か<u>き</u>ます		write
		き<u>か</u>ない		き<u>き</u>ます		listen, hear
	が	いそ<u>が</u>ない	ぎ	いそ<u>ぎ</u>ます		hurry, rush
	さ	け<u>さ</u>ない	し	け<u>し</u>ます		turn off
		はな<u>さ</u>ない		はな<u>し</u>ます		speak, talk
	ざ					
	た	た<u>た</u>ない	ち	た<u>ち</u>ます		stand, stand up
		ま<u>た</u>ない		ま<u>ち</u>ます		wait
	だ					
	な	*し<u>な</u>ない	に	し<u>に</u>ます		die
	は					
	ば	あそ<u>ば</u>ない	び	あそ<u>び</u>ます		play
		よ<u>ば</u>ない		よ<u>び</u>ます		call
	ぱ					
	ま	の<u>ま</u>ない	み	の<u>み</u>ます		drink
		よ<u>ま</u>ない		よ<u>み</u>ます		read
	や					
	ら	かえ<u>ら</u>ない	り	かえ<u>り</u>ます		return, go home
		と<u>ら</u>ない		と<u>り</u>ます		stop
	わ	い<u>わ</u>ない	い	い<u>い</u>ます		say
		か<u>わ</u>ない		か<u>い</u>ます		buy
Regular II		おきない		おきます		get up
		みない		みます		see, look, watch
		たべない		たべます		eat
		みせない		みせます		show
Irregular		しない		します		do
		こない		きます		come
		もってこない		もってきます		bring

* This verb is not covered in the *Japanese for Young People* series.
Note that there are no verbs whose final syllable of its negative stem is あ, ざ, だ, は, ぱ, or や.

きれいで、やさしい　人です。
ひと

KEY SENTENCES

1. この　かばんは　大きくて、べんりです。
おお

2. ここは　しずかで、きれいな　町です。
まち

3. ラモスさんは　ブラジル人で、中学生です。
じん　　ちゅうがくせい

ＶＯＣＡＢＵＬＡＲＹ

大きくて、べんりです	It's large and useful.
大きくて	(－て form of 大きい)
しずかで、きれいな　町です	A quiet and pretty town.
しずかで	(－て form of しずかな)
ブラジル人で、中学生です	A Brazilian junior high school student.
ブラジル人で	(－て form of ブラジル人)

ＮＥＷ　ＫＡＮＪＩ

高　　低　　安　　長　　空　　部

EXERCISES I

ex. きたない　川
_{かわ}

ex.

dirty

①

loud

②

foul tasting

③

kind

④

bright

⑤

earnest

⑥
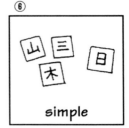
simple

EXERCISES II

1. ex. ハンバーガーは　安くて、おいしいです。
_{やす}

ex.

cheap & delicious

①

spacious & well-lit

②

kind & pretty

③

smart & serious

④

dirty & foul tasting

⑤

noisy & not cute

2. ex. この　ワープロは　かんたんで、べんりです。

ex.

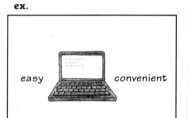
easy　　　convenient

①

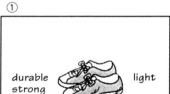
durable strong　　　light

②

quiet　　　beautiful

③

cheerful　　　interesting

④

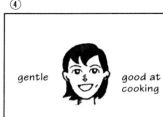
gentle　　　good at cooking

⑤

lively　　　enjoyable

3. ex. バード君は　アメリカ人で、中学生です。
くん　　　　　　じん　　ちゅうがくせい

ex.

American　junior high school student

①

17 years old　　　high school student

②

10 years old　　　primary school student

③

lawyer　　　serious

④

Ken's sister　5 years old

⑤

company employee　　　every day busy

EXERCISES III

ex. 1 田中先生： ニューヨークは　どんな　町ですか。
たなかせんせい

　　　　バード君： にぎやかで、楽しい　町です。
くん　　　　　　　たの　　　まち

ex. 2 田中先生： どんな　音楽が　好きですか。
たなかせんせい　　　　　おんがく　　す

　　　　バード君： しずかで、きれいな　音楽が　好きです。
くん　　　　　　　　　　　　おんがく　す

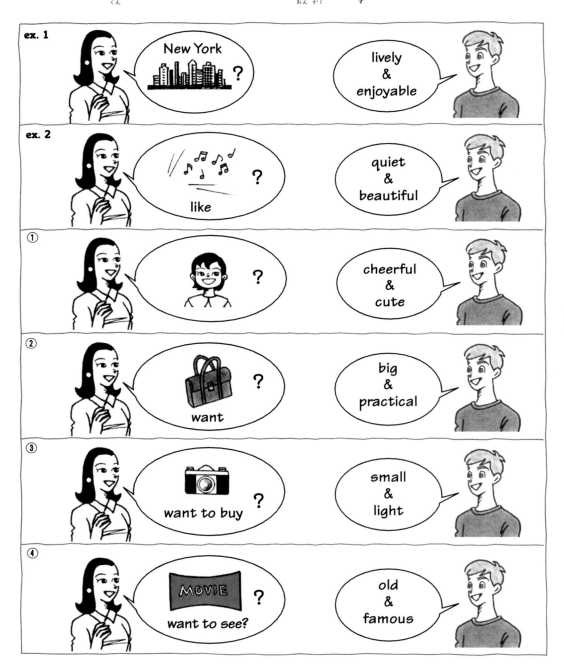

きたない	dirty (－い adj.)
うるさい	noisy (－い adj.)
まずい	foul tasting (－い adj.)
やさしい	kind (－い adj.)
あたまが いい	clever, smart
まじめな	serious, earnest (－な adj.)
かんたんな	simple, straightforward (－な adj.)
小学生 しょうがくせい	elementary school pupil
大学生 だいがくせい	university (college) student

JAPAN NEWS

There is a famous commercial on Japanese TV in which a man drinks up a glass of green liquid, and shouts "*mazui!*"—meaning "disgusting!" It is an advertisement for a health drink of chopped herbs. The word *mazui* is used to describe anything that doesn't taste good, whether it's too bitter, or tasteless, or soggy.

The word *oishii* is the opposite of *mazui*. It's anything that's good, foodwise. While all Japanese would probably agree that top quality rice cooked with care to produce good *gohan* is *oishii* beyond any doubt, there are disagreements about some other traditional foods. *Nattō*, "fermented soy beans," for example, is considered very *oishii* by many people, especially in the Kantō area. In contrast, quite a few people, especially in the Kansai area, think it's downright *mazui*, if edible at all.

Japanese people have adopted many cuisines from around the world, and things like good wine and cheese are now well established as being *oishii*.

MAIN DIALOGUE

Bādo-kun got e-mail from Yukiko.

バード君 ： ゆき子さんから　メールが　とどきました。

あした　いっしょに　うたの　コンテストを
聞きに　行きます。

かとう君のお母さん： 二人で？

バード君 ： いいえ、二人で　行きたいですが、
けん君や　ラモスさんも　行きます。

かとう君のお母さん： ゆき子さんって　どんな　人ですか。

バード君 ： せが　高くて、かみが　長いです。こえが
よくて、コーラス部に　入っています。

かとう君のお母さん： きれいな　人ですか。

バード君 ： はい、とても　きれいで、やさしい　人です。

☺ バード君は　ゆき子さんから　Eメールを　もらいました。バード
君は　あした　ゆき子さんたちと　うたの　コンテストに　行きます。
お母さんは　バード君に　ゆき子さんに　ついて　聞きました。

VOCABULARY

メール	e-mail
とどきます（とどく）	arrive, be delivered
コンテスト	contest, competition
こえが　いい	fine voice
コーラス	chorus, glee club, choir
入っています（入ります）	join, is a member

SHORT DIALOGUES

1

田中先生：　長野は　どうでしたか。
た なか せんせい　なが の

バード君：　空が　青くて、空気が　おいしかったです。
くん　そら　あお　くう き

2

かとう君：　さいふを　おとしました。
くん

けいかん：　どんな　さいふですか。

かとう君：　黒くて、まるい　きれの　さいふです。
くん　くろ

3

バード君：　どんな　あじ。
くん

かとう君：　あまくて、からいよ。
くん

バード君：　すっぱくない？
くん

かとう君：　うん、すっぱくないよ。
くん

VOCABULARY

空 そら	sky
空気 くう き	air
さいふ	wallet, purse
おとします（おとす）	lose, drop
けいかん	police officer
きれ	material, fabric
あじ	taste
あまい	sweet （–い adj.）
からい	salty, spicy （–い adj.）
すっぱい	sour （–い adj.）
うん	See NOTE.

NOTE　Note that in Japanese, 「うん」or「はい」are used to say "No" to a negative question.

L I S T E N I N G ⑦

どの　人ですか。

1. Look at the pictures below while listening to the recording or your teacher. Write each person's name in hiragana and kanji in the space provided under each picture as shown in the example.

ex. A：　古川さんは　どの　人ですか。
　　　　　　ふるかわ　　　　　　　　ひと

　　B：　あ、古川さんですか。あそこに　いますよ。
　　　　　　　　ふるかわ

　　A：　あの　かおが　まるい　人ですか。
　　　　　　　　　　　　　　　　ひと

　　B：　ええ、あの　目が　大きい　人ですよ。黒い　スーツを　着ています。
　　　　　　　　　　め　　おお　　ひと　　　くろ　　　　　　　　き

　　A：　ああ、分かりました。どうも　ありがとうございました。
　　　　　　　　わ

ex.

＿＿＿ふるかわ＿＿＿さん
＿＿＿古　　川＿＿＿

a.

＿＿＿＿＿＿＿さん
＿＿＿＿＿＿＿

b.

＿＿＿＿＿＿＿さん
＿＿＿＿＿＿＿

c.

＿＿＿＿＿＿＿さん
＿＿＿＿＿＿＿

d.

＿＿＿＿＿＿＿さん
＿＿＿＿＿＿＿

e.

＿＿＿＿＿＿＿さん
＿＿＿＿＿＿＿

2. Listen to the recording or your teacher and combine the sentence pairs into a single sentence as shown in the example.

ex. 古川さんは　<u>目が大きくて、黒い　スーツを</u>　着ています。

a. 河村さんは ＿＿＿＿＿＿＿＿＿＿＿＿＿＿＿＿＿ ています。

b. 黒田さんは ＿＿＿＿＿＿＿＿＿＿＿＿＿＿＿＿＿ ています。

c. 高木さんは ＿＿＿＿＿＿＿＿＿＿＿＿＿＿＿＿＿ ています。

d. 青山さんは ＿＿＿＿＿＿＿＿＿＿＿＿＿＿＿＿＿ ています。

e. 秋本さんは ＿＿＿＿＿＿＿＿＿＿＿＿＿＿＿＿＿ ています。

JAPAN NEWS

Dango is a kind of round rice dumpling, just the right size for a mouthful. They are usually served skewered on a bamboo stick, kebab fashion. The dumpling itself is not sweetened, but it is usually served covered in sweet azuki bean paste.

This azuki bean paste, called *an*, is one of the main ingredients of *wagashi* Japanese confectionary. The small red beans are soaked overnight and then cooked patiently in water till soft, and cooked further until the moisture evaporates and the beans become a thick paste. It is sweetened with sugar.

Although *dango* can be considered a *wagashi* by definition, and *wagashi* shops do sell them, there is a home-made image to them that the more refined *wagashi* do not have. Refined *wagashi* is the realm of artisans and professionals, made to the standards of the Tea Ceremony. They are very pretty.

マラソン大会が　あった。
<small>たい　かい</small>

KEY SENTENCES

1. この　本は　おもしろい。
<small>ほん</small>

2. かとう君は　いつも　元気だ。
<small>くん　　　　　　　げん き</small>

3. きょうは　雨だ。
<small>あめ</small>

4. 毎朝　ごはんを　食べる。
<small>まい あさ　　　　　　　た</small>

☆ V O C A B U L A R Y ☆

雨だ <small>あめ</small>	plain style for 雨です（See NOTE） <small>あめ</small>
食べる <small>た</small>	plain style for 食べます（See NOTE） <small>た</small>
おもしろい	plain style for おもしろいです（See NOTE）

会　走　天　気　公　園

読書
<small>どく しょ</small>

The plain style is used, for example, in a diary, a thesis, or informal speech. Informal speech has been used throughout *Japanese for Young People* since the Useful Expressions section in the first book and in the Short Dialogues sections in the all books. A full summary is made in Lesson 42.

EXERCISES I

1. ex. **a.** レモンは　すっぱいです。
　　　 b. カレーは　からいです。
　　　 c. この　ケーキは　あまくないです。

- **a.** レモンは　すっぱい。
- **b.** カレーは　からい。
- **c.** この　ケーキは　あまくない。

① **a.** 川田先ぱいは　かみが　みじかいです。
　　　 b. バード君は　足が　長いです。
　　　 c. かとう君は　目が　大きくないです。

- **a.** 川田先ぱいはかみがみじかい。
- **b.** バード君は足が長い。
- **c.** かとう君は目が大きくない。

2. ex. **a** 私は　かぶきを　見たいです。
　　　 b. 着ものを　着たいです。
　　　 c. カラオケに　行きたくないです。

- **a.** 私は　かぶきを　見たい。
- **b.** 着ものを　着たい。
- **c.** カラオケに　行きたくない。

① **a.** 私は　かみを　あらいたいです。
　　　 b. シャワーを　あびたいです。
　　　 c. おふろに　入りたくないです。

- **a.** 私はかみをあらいたい。
- **b.** シャワーをあびたい。
- **c.** おふろに入りたくない。

3. ex. a 川田先ぱいは　じゅうどうが　じょうずです。
　　　　　　かわ　だ　せん

　　　b. ハンサムです。

　　　c. サッカーが　あまり　好きではありません。
　　　　　　　　　　　　　　　　す

a. 川田先ぱいは　じゅうどうが　じょうずだ。
　　　かわ　だ　せん

b. ハンサムだ。

c. サッカーが　あまり　好きではない。
　　　　　　　　　　　　す

　① **a.** 山本君は　まじめです。
　　　　　やまもとくん

　　　b. 読書が　好きです。
　　　　　どくしょ　す

　　　c. うたが　あまり　じょうずではありません。

a. 山本君は まじめだ。　　　　　　　　　　　　　　　。

b. 読書が好きだ。　　　　　　　　　　　　　　　　　。

c. うたがあまりじょうずではな。　　　　　　　　　　　。

4. ex. a ラモスさんは　十三さいです。
　　　　　　　　　　　　じゅうさん

　　　b. 中学生です。
　　　　　ちゅうがくせい

　　　c. 日本人ではありません。
　　　　　に　ほん　じん

a. ラモスさんは　十三さいだ。
　　　　　　　　　　じゅうさん

b. 中学生だ。
　　　ちゅうがくせい

c. 日本人ではない。
　　　に　ほん　じん

　① **a.** きょうは　休みです。
　　　　　　　　　　やす

　　　b. くもりです。

　　　c. いい　天気ではありません。
　　　　　　　　てん　き

a. ＿＿＿＿＿＿＿＿＿＿＿＿＿＿＿＿＿＿＿＿＿＿　。

b. ＿＿＿＿＿＿＿＿＿＿＿＿＿＿＿＿＿＿＿＿＿＿　。

c. ＿＿＿＿＿＿＿＿＿＿＿＿＿＿＿＿＿＿＿＿＿＿　。

5. ex. a はしを　使っています。
b. 食じを　しています。
c. ナイフと　フォークで　食べていません。

a. はしを　使っている。
b. 食じを　している。
c. ナイフと　フォークで　食べていない。

① **a.** 赤い　コートを　きています。
b. めがねを　かけています。
c. ぼうしを　かぶっていません。

a. _____ 。
b. _____ 。
c. _____ 。

EXERCISES II

1. ex. a. きのうは　天気が　よかったです。
b. すずしかったです。
c. あつくなかったです。

a. きのうは　天気が　よかった。
b. すずしかった。
c. あつくなかった。

① **a.** きのうは　かぜが　強かったです。
b. あたたかかったです。
c. さむくなかったです。

a. _____ 。
b. _____ 。
c. _____ 。

2. ex. **a.** 私は　しあいを　見たかったです。

b. おうえんに　行きたかったです。

c. そうじを　手つだいたくなかったです。

a. 私は　しあいを　見たかった。

b. おうえんに　行きたかった。

c. そうじを　手つだいたくなかった。

① **a.** 私は　あそびたかったです。

b. スポーツを　したかったです。

c. ピアノを　ならいたくなかったです。

a. _____。

b. _____。

c. _____。

3. ex. **a.** 学生の　とき、お父さんは　けんどうが　じょうずでした。

b. にんじんが　きらいでした。

c. 犬が　好きではありませんでした。

a. 学生の　とき、お父さんは　けんどうが　じょうずだった。

b. にんじんが　きらいだった。

c. 犬が　好きではなかった。

① **a.** 子どもの　とき、お母さんは　字が　へたでした。

b. まんがが　好きでした。

c. からだが　じょうぶではありませんでした。

a. _____。

b. _____。

c. _____。

4. ex. a. きのうは　日よう日でした。

b. 雨でした。

c. はれではありませんでした。

a. きのうは　日よう日だった。

b. 雨だった。

c. はれではなかった。

① **a.** むかし　ここは　海でした。

b. そこは　川でした。

c. あそこは　公園ではありませんでした。

a. _____ 。

b. _____ 。

c. _____ 。

5. ex. a. そのとき、黒田さんは　一人で　音楽を　聞いていました。

b. 大村さんは　犬と　さんぽを　していました。

c. 青山さんは　友だちと　いっしょに　いませんでした。

a. そのとき、黒田さんは　一人で　音楽を　聞いていた。

b. 大村さんは　犬と　さんぽを　していた。

c. 青山さんは　友だちと　いっしょに　いなかった。

① **a.** 先しゅう　デパートで　売っていました。

b. 十年前まで　こうじょうで　つくっていました。

c. きょ年　あのビルは　たっていませんでした。

a. _____ 。

b. _____ 。

c. _____ 。

1. ex. ききます　きく　きかない　きいた　きかなかった

① はなします ＿＿＿ ＿＿＿ ＿＿＿ ＿＿＿
② たちます ＿＿＿ ＿＿＿ ＿＿＿ ＿＿＿
③ あそびます ＿＿＿ ＿＿＿ ＿＿＿ ＿＿＿
④ よみます ＿＿＿ ＿＿＿ ＿＿＿ ＿＿＿
⑤ のります ＿＿＿ ＿＿＿ ＿＿＿ ＿＿＿
⑥ あいます ＿＿＿ ＿＿＿ ＿＿＿ ＿＿＿

2. ex. あります　ある　ない　あった　なかった

① います　いる　いない　いた　いなかった
② します　する　しない　した　しなかった
③ きます　くる　こない　きた　こなかった
　 (come)

ex. ① きょうは　日よう日で、朝から　雨です。
　　　　　　　 にち　び　　あさ　　　あめ

② サッカーの　れんしゅうが　ありません。

③ うちに　だれも　いません。

④ るすばんを　しています。

⑤ とても　ひまです。

⑥ つまらないです。

① きょうは　日よう日で、朝から　雨だ。
　　　　　 にち　び　　あさ　　　あめ

② サッカーの　れんしゅうが　ない。

③ うちに　だれも　いない。

④ るすばんを　している。

⑤ とても　ひまだ。

⑥ つまらない。

1. ① あしたは 休みです。

   ② 銀座で ラモスさんに 会います。

   ③ ラモスさんは 買いものが 好きです。

   ④ ぼくは 買いものが あまり 好きではありません。

   ⑤ デパートの 三がいの きっさ店で ラモスさんを 待ちます。

   ⑥ そして、いっしょに おちゃを 飲みます。

   ① あした は 休みだ。　　　　　　　　　　　　。

   ② ぎんざ で ラモスさん に 会う。　　　　　　　。

   ③ ラモスさん は 買いもの が 好きだ。　　　　　　。

   ④ ぼくは 買いもの が あまり 好きではない。　　　。

   ⑤ デパートの 三がい の きっさ店で ラモスさん を 待つ。　　。

   ⑥ そして、いっしょに おちゃを 飲む。　　　　　。

EXERCISES Ⅴ

ex. ① 先しゅうの 木よう日は 休みでした。

   ② ゆき子さんと 新宿へ えいがを 見に 行きました。

   ③ 新宿は とても にぎやかでした。

   ④ えいがの 後で そばを 食べました。

   ⑤ もっと いっしょに いたかったですが、しゅくだいが
   ありましたから、うちへ 帰らなければ なりませんでした。

---

   ① 先しゅうの 木よう日は 休みだった。

   ② ゆき子さんと 新宿へ えいがを 見に 行った。

   ③ 新宿は とても にぎやかだった。

   ④ えいがの 後で そばを 食べた。

   ⑤ もっと いっしょに いたかったが、しゅくだいが あったから、
   うちへ 帰らなければ ならなかった。

1. ① あしたは　漢字の　しけんが　あります。

② 先しゅうの　しけんは　だめでしたから、勉強しなければ
なりません。

③ 漢字は　むずかしいですが、おもしろいです。

④ よく　分かりませんでしたから、晩ごはんの　後で　かとう君の
お父さんに　聞きました。

⑤ お父さんは　一人で　おさけを　飲んでいました。

① あしたはかん字のしけんがある。　　　　　　　　　　　。

② 先しゅうのしけんはだめでしたから、べんきょうしなければならなかった　　　。

③ かん字はむずかしいが、おもしろい。　　　　　　　　　　。

④ よく分からなかったから、晩ごはんの後でかとう君のお父さんは　　　。

⑤ お父さんは一人でおさけを飲んでいた。　　　　　　　　　。

★ V O C A B U L A R Y ★

カレー	curry
ハンサムな	handsome (-な adj.)
読書 (どくしょ)	reading
くもり	cloudy
すずしい	cool (-い adj.)
かぜ	wind
つよい	strong (-い adj.)
あたたかい	warm (-い adj.)
からだ	body
～の　とき	the time when …
はれ	fine
字 (じ)	letter, character
むかし	formerly, in the past
～前 (まえ)	–ago
こうじょう	factory
たちます（たつ）	be built, be put up
るすばん	to be away from home
るす	to be away from home
つまらない	boring (-い adj.)

MAIN TEXT

Bādo-kun's diary

十月　十日　月よう日　はれ

　きょうは　たいいくの日で、学校で　マラソン大会が　あった。
学校から　中おう公園まで　十キロ　走った。一年生から
三年生まで　ぜんぶで　百人ぐらい　走った。あきら君は　とても
はやくて、八ばんだった。ペンを　もらった。けん君も　走ったが、
おそかった。ゆき子さんが　見に　来たから、
ぼくも　いっしょうけんめいに　走ったが、あまり
はやくなかった。四十三ばんで、ざんねんだった。
ぼくも　ペンを　もらいたかった。

　天気が　よかったから、少し　あつかった。マラソンの　後で
ゆき子さんと　しゃしんを　とって、うちへ　帰った。つかれたから、
きょうは　早く　ねる。　あしたは　学校が　休みだから、けん君と
えいがを　見に　行く。

マラソン大会 たいかい	marathon race
マラソン	marathon
大会 たいかい	sports meeting
走った はし	ran
いっしょうけんめいに	with all one's might
つかれた	was tired
つかれます （つかれる）	be tired

JAPAN NEWS

Marathon is a strangely popular sport in Japan. Strange, because it is not a sport that many people take part in, and yet it is very popular on television, and marathon runners get a lot of attention in the press.

It's true that there have been very good marathon runners in Japan and that there are major corporations that are willing to sponsor such runners. Perhaps the secret of their popularity lies in the fact that the runners look very ordinary, not strong and muscular like a weightlifting champion, or beautiful like a synchronised swimming medalist. They look ordinary, but they *gambaru* very much. People love to watch them *gambaru* and overcome pain and obstacles to prevail at the end of the race.

One of the most popular sports programmes in Japan is a live broadcast of the New Year inter-college *ekiden*. This is a long distance race that takes place between Tokyo and the mountains of Hakone, and is run by college teams. There is a very famous uphill lap, steep and winding, which is always run by the strongest runner on the team.

Listen to the explanation about the Kabuki study trip. Take notes in the plain style about the schedule and other details.

かぶきの　見学の　メモ *¹
けん　がく

＜よてい *² ＞

＿＿：＿＿	• ＿＿＿＿＿＿＿＿＿＿＿
＿＿：＿＿	• ＿＿＿＿＿＿＿＿＿＿＿
＿＿：＿＿	• げきじょう *³ に　つく。＿

10：15 〜	• ＿＿＿＿＿＿＿＿＿＿＿
＿＿：＿＿	• ＿＿＿＿＿＿＿＿＿＿＿
＿＿：＿＿	• ＿＿＿＿＿＿＿＿＿＿＿
＿＿：＿＿	• ＿＿＿＿＿＿＿＿＿＿＿

＜ちゅうい *⁴ ＞

• ＿＿＿＿＿＿＿＿＿＿＿＿＿

• げきじょうの　中で　しゃしんを　とらない。＿
なか

• ＿＿＿＿＿＿＿＿＿＿＿＿＿

*¹ メモ　　　　　note
*² よてい　　　　schedule, plan
*³ げきじょう　theater
*⁴ ちゅうい　　warning, caution, note

ゆき子さんも　来ると　思います。

KEY SENTENCES

1. あしたは　雨だと　思います。

2. 「good night」は　日本語で　「お休みなさい」と　言います。

3. 山本君は　きのう　えいがを　見たと　言っていました。

VOCABULARY

と	(quotation particle)
思います（思う）	think
言っていました	said (used for third person)

NEW KANJI

言　思　元　父　母　花

EXERCISES I

1. ex. ねこだと　思いますか。

ねこではないと　思いますか。

① へただと　思いますか。

へたではないと　思いますか。

② 中は　あたたかいと　思いますか。

あたたかくないと　思いますか。

③ あたると　思いますか。

あたらないと　思いますか。

④ いると　思いますか。

いないと　思いますか。

⑤ あると　思いますか。

ないと　思いますか。

⑥ 出ると　思いますか。

入ると　思いますか。

⑦ かったと　思いますか。

まけたと　思いますか。

2. ex. だれだと　思いますか。

① 何だと　思いますか。

② どこだと　思いますか

③ 何年だと　思いますか。

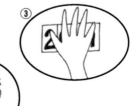

④ 何さいだと　思いますか。

ex. 漢字に ついて どう 思いますか。

（ ○ ） おもしろいと 思います。

（　） つまらないと 思います。

（　） むずかしいと 思います。

（　） かんたんだと 思います。

① 日本の まんがに ついて どう 思いますか。

（　） 楽しいと 思います。

（　） おもしろくないと 思います。

（　） 読みたくないと 思います。

（　） 読みたいと 思います。

② せいふくに ついて どう 思いますか。

（　） べんりだと 思います。

（　） いいと 思います。

（　） よくないと 思います。

（　） きたないと 思います。

③ クローンに ついて どう 思いますか。

（　） こわいと 思います。

（　） いけないと 思います。

（　） すばらしいと 思います。

（　） むずかしい もんだいだと 思います。

EXERCISES III

ex. 1 snow ゆき

バード君：「snow」は　日本語で　何と　言いますか。

田中先生：「ゆき」と　言います。

ex. 2 くもり　cloudy

バード君：「くもり」は　えい語で　何と　言いますか。

田中先生：「cloudy」と　言います。

① fine　はれ
② じしん　earthquake
③ economics　けいざい
④ せいじ　politics
⑤ アンケート　questionnaire

JAPAN NEWS

Ankēto is the Japanese word for questionnaire. It comes from the French *enquête* which means "inquiry" or "investigation."

The Japanese like questionnaires, so they pop up in suprising places. If you buy a book, there will be a postage-paid postcard from the publisher tucked in between the pages. On this is a mini questionnaire asking you how you heard about the book, whether you like the design, or if you feel the book is too expensive. Then, if you go to an amateur rock concert, you will be asked to fill out a form with questions about which songs you liked, or whether you thought there should be more guitar solos!

Questionnaires are popular in Japan because the Japanese like to please by knowing exactly what people want and then giving it to them.

EXERCISES Ⅳ

1.

2.

① かとう君は
じゅうどうの　しあいに
まけました。

ex.
長野は
ゆきでした。

② ゆき子さんは
きのう
パーティーに
来ませんでした。

③ バード君は
しん切でした。

ex.
山本君は　長野は
ゆきだったと
言っていました。

⑤ 横浜の
海はきれいでは
ありません
でした。

④ 沖縄は毎日
いい天気
でした。

✪ V O C A B U L A R Y ✪

あたる	hit, strike
まけた（まける）	lose
クローン	clone
こわい	frightening, scary (−い adj.)
すばらしい	wonderful (−い adj.)
ゆき	snow
じしん	earthquake
けいざい	economics
せいじ	politics
アンケート	questionnaire

JAPAN NEWS

In Japan Christmas is just a normal working day, but New Year is a very special event at which families gather together. The whole country stops work for the last few days in December and for the first few days in January. Houses are cleaned, and traditional decorations are put out. The *shimenawa*, is a sacred rope of straw with strips of paper that is hung on the front door, and *kagamimochi* is an offering of rice cakes for the God of the New Year which is set out on a special shelf.

The mother of the family makes *osechi ryōri*, a selection of cold food that is prepared in advance in order to make sure that she will not have to spend the whole festive season in the kitchen. Then on New Year's eve everyone visits the Buddhist temple to listen to the bell being rung 108 times at midnight. They may also eat *toshikoshi soba*, special New Year noodles which are supposed to bring good luck. In the morning spiced sake called *toso* is drunk at breakfast. After this children are given *otoshidama*, or presents of money in envelopes, by their family.

Katō-kun and his mother are going to buy some cakes and drinks for the party. They are expecting about 10 friends.

かとう君の　お母さん：　土よう日の　パーティーに　何人ぐらい　来ますか。

バード君　　　　　　　：　十人ぐらい　来ると　思います。

かとう君の　お母さん：　ゆき子さんも　来ますか。

バード君　　　　　　　：　はい、来ると　言っていました。

かとう君の　お母さん：　じゃあ、大きい　ケーキを　二つと　ジュースを　十五本　買いましょう。少ないと　思いますか。

バード君　　　　　　　：　いいえ、十分だと　思います。ぼくは　花を　買います。

☺　バード君は　土よう日の　パーティーに　友だちが　十人ぐらい　来ると　思っています。それで　お母さんは　大きい　ケーキを　二つと　ジュースを　十五本　買います。　ゆき子さんも　来ますから、バード君は　花を　買います。

VOCABULARY

十分	enough, sufficient
それで	therefore, and so
思っています	(See NOTE.)

NOTE　おもいます is used to express your own thoughts or to ask someone else what they are thinking, as in おもしろいと おもいます or どう　おもいますか。おもっています is used when reporting what a third person is thinking.

SHORT DIALOGUES

1

| バード君_{くん} | ： | 日本人_{にほんじん}は　お正月_{しょうがつ}に　何_{なん}と　言_いいますか。 |

バード君 ： 日本人は　お正月に　何と　言いますか。

かとう君の　お父さん ： 「あけまして　おめでとうございます」って　言うよ。

バード君 ： みんな　着ものを　着ますか。

かとう君の　お父さん ： そうだな。

お母さんと　みどりは　着ると　思うよ。

2

校長先生 ： ごりょうしんは　お元気ですか。

ラモスさん ： はい、おかげさまで　父も　母も　元気です。

3

バード君 ： あしたも　雨だと　思いますか。

かとう君の　お母さん ： いいえ、あしたは　天気だと　思いますよ。

かとう君 ： ぼくも　そう　思うよ。夕やけだから。

VOCABULARY

あけまして　おめでとうございます	Happy New Year.
あけまして	A new year begins
おめでとうございます	Congratulations.
おかげさまで	Thank you.
夕やけ_{ゆう}	red sky

INFORMAL FORM

Verbs	かく よむ みる たべる する くる	かかない よまない みない たべない しない こない	かいた よんだ みた たべた した きた	かかなかった よまなかった みなかった たべなかった しなかった こなかった
–い adj.	あつい おいしい おもしろい	あつくない おいしくない おもしろくない	あつかった おいしかった おもしろかった	あつくなかった おいしくなかった おもしろくなかった
–な adj.	げんきだ きれいだ じょうずだ	げんきではない きれいではない じょうずではない	げんきだった きれいだった じょうずだった	げんきではなかった きれいではなかった じょうずではなかった
Noun です	あめだ やすみだ びょうきだ	あめではない やすみではない びょうきではない	あめだった やすみだった びょうきだった	あめではなかった やすみではなかった びょうきではなかった

Listen to the recording or your teacher and take a telephone message as shown in the example.

ex.

お父さん、

青木さんから　電話が　ありました。

あした　六時に　東京駅の　北口で　待っていると　言っていました。

マイク　8:00 pm

＿＿＿＿＿＿＿＿＿＿、

＿＿＿＿＿＿＿＿＿＿＿＿＿＿＿＿＿から　電話が　ありました。

＿＿＿＿＿＿＿＿＿＿＿＿＿＿＿＿＿と　言っていました。

マイク　5:00 pm

1. ex.　木村さん：　食べましょう。　　　バード君：　食べよう。

ex.

①

②

2. a. ex　　　いきましょう　→　　　　いこう

① はなしましょう　→ _____

② たちましょう　→ _____

③ あそびましょう　→ _____

④ のみましょう　→ _____

⑤ かえりましょう　→ _____

b. ex.　　　たべましょう　→　　　　たべよう

① みましょう　→ _____

② ねましょう　→ _____

③ おきましょう　→ _____

④ おりましょう　→ _____

⑤ きましょう　→ _____
　　　（to wear）

c. ex.　　　しましょう　→　　　　しよう

　　　きましょう　→　　　　こよう
　　　（to come）

① べんきょうしましょう　→ _____

② もってきましょう　→ _____

EXERCISES Ⅳ

1. ex. いっしょに　昼ごはんを　食べませんか。

a. ラモスさん　：いっしょに　昼ごはんを　食べない？

バード君　　：うん、食べよう。

b. 山本君　　　：いっしょに　昼ごはんを　食べない？

木村さん　　：ええ、食べましょう。

① えいがを　見ませんか。

③ コーヒーを　飲みませんか。

⑤ ディスコで　おどりませんか。

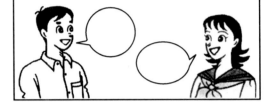

②ふじ山に　のぼりませんか。

④ピクニックを　しませんか。

⑥サンドイッチを　持って行きませんか。

2. ex. どこ、はっぴょう会の　れんしゅうを　する／たいいくかん

a. バード君　　　：どこで　はっぴょう会の　れんしゅうを　しましょうか。

田中先生　　：たいいくかんで　しましょう。

b. 山本君　　　：どこで　はっぴょう会の　れんしゅうを　しようか。

ラモスさん　：たいいくかんで　しましょう。

c. 木村さん　　：どこで　はっぴょう会の　れんしゅうを　しましょうか。

バード君　　：たいいくかんで　しよう。

c.

① 何、食べる／ブラジルりょうり

② 何よう日、あそびに　行く／土よう日

③ どこ、入る／駅前の　きっさ店

④ 何時、帰る／五時ごろ

⑤ どんな　えいが、見る／さむらいの　えいが

⑥ だれ、パーティーに　よぶ／クラスの　友だち

☆ＶＯＣＡＢＵＬＡＲＹ☆

のぼります（のぼる）	climb, go up
ディスコ	disco
おどります（おどる）	dance
さむらい	samurai warrior
よびます（よぶ）	invite
クラス	class

JAPAN NEWS

Samurai is the name given to the warriors who formed Japan's ruling class from the twelfth century up until the late nineteenth century. They are also sometimes called *bushi*. Samurai owned land from which they received rent, but their main business was fighting. They were the only class of society actually permitted to carry swords and they were above farmers, artisanse, and merchants, but below an overlord, to whom they owed their loyalty.

As Japan became more peaceful in the Edo period (1600–1868), there was no need any more for a warrior class. Some samurai worked as government administrators, but many got paid for doing nothing! By the time Japan started to modernize, samurai had become an expensive and irrelevant class. As a result the samurai class was dissolved between 1873 and 1876 when Japan began to modernize its government and its army. Of course, there were a number of rebellions against these reforms. It wouldn't be right after all for a true samurai to go down without a fight!

For samurai fans Kurosawa's film *The Seven Samurai* (on which the movie *The Magnificent Seven* is based) is highly recommended.

MAIN DIALOGUE

Tomorrow is a school holiday. Katō-kun, Bādo-kun, and Erena-san are talking about what they will do.

かとう君　　：あしたは　休みだね。
　　　　　　　朝から　いっしょに　スケートに　行かない？

バード君　　：うん、いいね、行こう。
　　　　　　　スケートの　後で、えいがも　見ない？

ラモスさん　：ええ、いいわね。何を　見ましょうか。

バード君　　：新しい　ホンコンの　えいがは　どう。

ラモスさん　：どんな　えいが。

バード君　　：コメディー。

かとう君　　：じゃあ、それを　見よう。

☺ バード君たちは　あした　休みですから、スケートに　行きます。
　　その　後で　えいがにも　行きます。

VOCABULARY

ホンコン	Hong Kong
コメディー	comedy

SHORT DIALOGUES

1

かとう君　：　ない。

バード君　：　ほら、そこだよ。

かとう君　：　どこ。

2

木村さん　：　今度の　土よう日の　夕がた　みんなで　うちへ　来ない？

ラモスさん：　ええ、いいわよ。

バード君　：　新しい　ゲームを　持って行こうか。

山本君　　：　うん、持って行こう。

3

かとう君　：　ああ、おなかが　すいた。
　　　　　　　下に　行って、おやつを　食べようか。

バード君　：　うん、そう　しよう。　ぼくは　のどが　かわいた。
　　　　　　　何か　飲みたいな。

VOCABULARY

ほら	Look!
持って行きます（持って行く）	take along
おなかが　すきます	to be hungry
すきます（すく）	to not be full, to become empty

Read the following sentences and then listen to the recording or your teacher. Mark true statements with a ○ and false statements with a ✕ as shown in the example. Finally listen to the tape again to check that you're right.

ex. ① （ ○ ） バード君は　毎朝　じゅうどうの　れんしゅうを　して
います。

② （ ✕ ） お父さんは　学生の　とき、じゅうどうを　していました。

③ （ ○ ） お父さんは　学生の　とき、水えいを　していました。

1. ① （　　） ラモスさんの　お父さんと　お母さんは　ブラジルに　い
ません。

② （　　） おにいさんも　いもうとさんも　日本に　います。

③ （　　） いもうとさんは　中学三年生です。

2. ① （　　） バード君は　おなかが　すきました。

② （　　） バード君は　のどが　かわきました。

③ （　　） バード君たちは　いっしょに　ピザを　食べます。

3. ① （　　） 土よう日の　夕がた　渋谷の　公園で　コンサートが
あります。

② （　　） バード君たちは　アメリカの　音楽を　聞きます。

③ （　　） バード君たちは　五時ごろ　公園の　前で　会います。

九州は　四国より　大きい。
きゅうしゅう　　し こく　　　おお

MAIN TEXT

　日本は　アジアの　東に　ある。広さは　370,000 Km²
に ほん　　　　　　　　ひがし　　　　　　ひろ
（三十七万へいほうキロメートル）で、人口は　120,000,000
さんじゅうななまん　　　　　　　　　　　じんこう
（一おく二千万）人である。
いち　　に せんまん　にん

　しま国で、まわりは　海である。おもな　しまは
ぐに　　　　　　　　うみ
北から　北海道、本州、四国、九州である。本州が
きた　　ほっかいどう　ほんしゅう　し こく　きゅうしゅう　　　　ほんしゅう
一ばん　大きくて、四国が　一ばん　小さい。
いち　　おお　　　し こく　　いち　　ちい
九州は　北海道より　小さいが、四国より　大きい。そのほかに
きゅうしゅう　ほっかいどう　　ちい　　　　し こく　　おお
小さい　しまが　たくさん　ある。
ちい

　日本は　北から　南に　ほそくて、長い　国で、
に ほん　　きた　　みなみ　　　　　　　なが　くに
気おんの　さが　大きい。たとえば、さくらは
き　　　　　　おお
春に　さくが、九州では　北海道より　四十日ぐらい
はる　　　　きゅうしゅう　ほっかいどう　よんじゅうにち
早く　さく。
はや

　夏の　はじめに　北海道を　のぞいて、よく　雨が
なつ　　　　　　ほっかいどう　　　　　　　　　あめ
ふる。夏の　終わりに　たいふうが　来る。
なつ　おわ　　　　　　　　　く
秋に　こめが　できる。冬に　北海道や　本州の　北では
あき　　　　　　　　ふゆ　ほっかいどう　ほんしゅう　きた
ゆきが　たくさん　ふる。

　ぜんたいに　山が　多くて、へいやが　少ない。
やま　おお　　　　　　　　すく
火山が　多いから、おんせんが　たくさん　ある。
か ざん　おお
ときどき　じしんが　ある。

アジア	Asia
東 ひがし	east
広さ ひろ	area
へいほうキロメートル	square kilometers
～おく	-hundred million
である	see NOTE
しま国 ぐに	island nation
まわり	around
おもな	main
しま	island
本州 ほんしゅう	Honshu (place name)
四国 しこく	Shikoku (place name)
九州 きゅうしゅう	Kyushu (place name)
～より	than-
そのほかに	besides, moreover, in addition
ほそい	narrow
国 くに	country
気おん き	temperature
さ	difference
たとえば	for example
さく（さきます）	bloom, blossom
はじめ	beginning
～を　のぞいて	except for, other than
ふる（ふります）	fall
終わり お	end
たいふう	typhoon
こめ	rice
できる（できます）	grow
ぜんたいに	generally, as a whole
へいや	plain
火山 かざん	volcano

 で あ
る is part of the plain style. It is used in the written language—theses, reports, etc.—in place of で
す in the「noun + です」and「-な adjective + です」forms. In the spoken language, だ and not で
ある replaces です in these cases.

広　東　西　南　北　国　海

EXERCISES I

1. ex. アジア

ex. ① ② ③ ④ ⑤

2. ex. 火じ
か

ex. ① ② ③ ④

3. ex. さきます

ex. ① ②

EXERCISES II

1. ex. <u>ヨーロッパは</u> <u>アフリカより</u> 北に ある。
きた

① ＿＿＿＿＿は ＿＿＿＿＿より 東に ある。
ひがし

② ＿＿＿＿＿は ＿＿＿＿＿より 西に ある。
にし

③ ＿＿＿＿＿は ＿＿＿＿＿より 南に ある。
みなみ

④ ＿＿＿＿＿は ＿＿＿＿＿より 北に ある。
きた

ex. 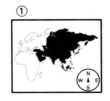 ①  ②  ③  ④

2. ex. 広島は 長崎より 人口が 多い。
ひろしま ながさき じんこう おお

ex. 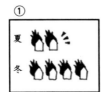 ① 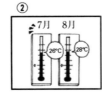 ② 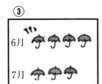 ③ 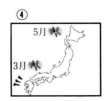 ④

1. ex. 日本は　しま国である。

<u>おもな</u>　しまは　北海道、本州、四国、九州である。

<u>その　ほかに</u>　小さい　しまが　たくさん　ある。

① 日本の　学校では　いろいろな　かもくを　勉強する。

<u>おもな</u>　かもくは　日本語や　すう学や　りかや　社会である。

<u>その　ほかに</u>　音楽や　たいいくや　びじゅつも　ある。

② 北海道では　牛や　うまを　たくさん　かっている。

<u>おもな</u>　せいひんは　バターや　チーズである。

<u>その　ほかに</u>　ミルクの　おかしも　つくっている。

2. ex. この学校では　いろいろな　スポーツを　する。

<u>たとえば</u>、スキーや　空手を　する。

① 沖縄では　いろいろな　くだものが　できる。

<u>たとえば</u>、パイナップルや　バナナが　できる。

② 日本では　ふつう　中学校は　小学校より　きびしい。

<u>たとえば</u>、たいてい　せいふくを　着なければ　ならない。

しけんや　しゅくだいも　多い。

primary school

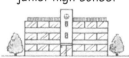
junior high school

3. ex. あした　山田さん<u>を　のぞいて</u>　みんな　はくぶつかんへ　見学に
行く。

① 来しゅうは　火よう日<u>を　のぞいて</u>　いつでも　つごうが　いい。

② くだものは　バナナ<u>を　のぞいて</u>　何でも　高い。

⭐ V O C A B U L A R Y ⭐

ヨーロッパ	Europe
アフリカ	Africa
火じ（か）	fire
かいます （かう）	breed, keep (as a pet, livestock)
奈良（なら）	Nara (place name)
広島（ひろしま）	Hiroshima (place name)
長崎（ながさき）	Nagasaki (place name)
かもく	(school) subject
牛（うし）	cow, cattle
うま	horse
せいひん	product, produce
バター	butter
チーズ	cheese
牛にゅう（ぎゅう）	milk
パイナップル	pineapple
ふつう	ordinary, normal, regular
きびしい	strict, stern, tough （–い adj.）
いつでも	anytime
～でも	any- (used with interrogatives, such as いつ, なん, どこ, だれ, なんじ, etc.)

T A S K ㉓

どんな　ところに　住みたいと　思いますか。

What kind of place would you like to live in? Describe your ideal environment as shown in the example. Present your ideas to the class.

1. しぜん*¹

ex. 一年中*² あたたかくて、海が　きれいな　＿＿＿＿＿ ところに
住みたいと　思います。

一年中 さむくて, 学校に ちかい　＿＿＿＿＿ ところに
住みたいと　思います。

2. 生かつ*³

ex. えいがかんが　あって、　さかなが　おいしい　＿＿＿＿＿ ところに
住みたいと　思います。

まんがが 読んで, 日本の おかしが おいしい　＿＿＿＿ ところに
住みたいと　思います。

3. 学校

ex. きそく*⁴が　きびしくなくて、　しゅくだいが　少ない　＿＿ 学校に
行きたいと　思います。

せいふくが きなくてもいいですが, テストが 少ない　＿＿ 学校に
行きたいと　思います。

*¹ しぜん　　natural environment
*² 一年中　　all year through
*³ 生かつ　　lifestyle
*⁴ きそく　　rules

JAPAN NEWS

Nara was the imperial capital of Japan from 710–794. Nara's one-time importance as a city is reflected in the many beautiful buildings there, which include Todaiji (Great Hall of the Temple), the largest wooden building in the world. In 794 the capital moved to Kyoto. Kyoto was laid out on a grid pattern, many beautiful temples were built, and arts and industry flourished there. Indeed, even today Kyoto is the center for all traditional Japanese arts and crafts. (Interestingly, Nintendo, the world-famous computer game company, is an example of a traditional Kyoto-based company. Nintendo used to make *hanafuda*, or Japanese game cards!) Kyoto was to remain the capital for over ten centuries until 1868, when the emperor moved to Edo, which was renamed Tokyo, or the "Eastern Capital." Despite being devastated by a huge earthquake in 1923 and flattened by bombs during World War II, Tokyo is the political, economic, and artistic center of Japan. The population of the twenty-three wards that make up metropolitan Tokyo is just under 8 million, but the population of the urban area around Tokyo is an amazing 29.5 million— nearly one-quarter of the whole population of Japan.

Todaiji, Nara

Mettopolitan Offices, Tokyo

Kinkakuji, Kyoto

POTENTIAL FORM

この　けんは　まだ　使えますか。
つか

KEY SENTENCES

1. バード君は　日本語が　話せます。
くん　に ほん ご　はな

2. ラモスさんは　さしみが　食べられません。
た

✩ V O C A B U L A R Y ✩

話せます（話せる） はな　　はな	can speak
食べられます（食べられる） た　　　　た	can eat

◆ N E W K A N J I ◆

牛　肉　借　屋　漢

◆ N E W R E A D I N G S ◆

お先に
さき

EXERCISES **I**

1. ex.

あるけません。

あるけます。

①

およげません。

およげます。

2. ex.

ねられません。

ねられます

①

おぼえられません。

おぼえられます。

a. ex. うたいます → <u>うたえます</u>

① ひきます → <u>ひけます</u>

② およぎます → <u>およげます</u>

③ はなします → <u>はなせます</u>

④ まちます → <u>まてます</u>

⑤ あそびます → <u>あそべます</u>

⑥ よみます → <u>よめます</u>

⑦ つくります → <u>つくれます</u>

b. ex. みます → <u>みられます</u>

① きます → <u>きられます</u>
(to wear)

② かります → <u>かりられます</u>

③ でます → <u>でられます</u>

④ たべます → <u>たべられます</u>

⑤ かけます → <u>かけられます</u>

⑥ おぼえます → <u>おぼえられます</u>

c. ex. します → <u>できます</u>

きます → <u>こられます</u>

① うんてんします → <u>うんてんできます</u>

② つれてきます → <u>つれてこられます</u>

EXERCISES III

1. ex. バード君は　漢字が　書けます。
　　　ラモスさんは　漢字が　書けません。

○		×
ex.	聞　読 飲　漢字	
①	English song	
②	Internet	
③	by herself	
④	tel. no.	
⑤		

2. **ex.** みどりちゃんは　ひらがなは　読めますが、かたかなは　読めません。

	○	×
ex.	あ　い　う	ア　イ　ウ
①		
②	Buenos días スペイン語	Bon dia ポルトガル語
③		
④		
⑤	WINE	Whisky

EXERCISES IV

1. ex. A： はくぶつかんで　食じが　できますか。
　　　　B： はい、できます。

ex.

①

②

③

2. ex. A: 土よう日の　ごご　学校に　来られますか。

B: すみませんが、来られません。お母さんを　手つだわなければ
なりませんから。

ex.

①

②

③

EXERCISES Ⅴ

ex. 1 田中先生： かとう君は　ギターで　この　きょくが　ひけますか。

かとう君： はい、ひけます。

ex. 2 みどりちゃん： あした　いっしょに　あそべる？

バード君　　： うん、あそべるよ。

ex. 1

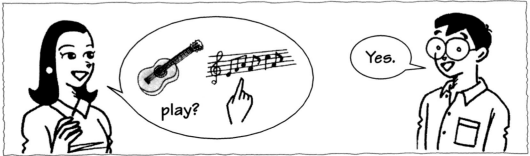

ex. 2

①

②

✪ V O C A B U L A R Y ✪

およげます（およげる）	can swim
ひきます（ひく）	play (a musical instrument)
うたいます（うたう）	sing
うんてんします（うんてんする）	drive
インターネット	Internet
スペイン語	Spanish (language)
ポルトガル語	Portuguese (language)
ウィスキー	whiskey
国さい電話	international telephone (call)
国さい	international
きょく	piece
うなぎ	eel
出ます（出る）	attend, participate

Bādo-kun went to the video store to rent some video tapes at the weekend. He asks about the discount voucher that he is given.

バード君：すみません、この　けんは　まだ　使えますか。

店の　人：はい、三十日まで　使えます。

十五パーセントの　わりびきです。

バード君：この　けんで　何本まで　借りられますか。

店の　人：一まいで　三本までです。二はく　できます。

☺バード君は　ビデオの　わりびきけんを　持っています。

ビデオを　借りに　ビデオ屋へ　行きました。

わりびきけんは　三十日まで　使えて、一まいで　三本まで

借りられます。

⭐ V O C A B U L A R Y ⭐

けん	voucher
十五パーセント	15 percent
～パーセント	-percent
わりびき	discount
二はく	two nights
～はく	(counter for nights) (See NOTE.)

 The counter ～はく or ～ぱく is more commonly used to refer to the number of nights that you stay at a hotel or hostel.

SHORT DIALOGUES

1

木村さん : バード君、今 漢字が どのくらい 分かる。

バード君 : そうだね、百ぐらい 分かるよ。

木村さん : じゃ、書ける？

バード君 : うん、書けるよ。

2

ラモスさん : ひつじの 肉が 食べられる？

木村さん : ううん、牛肉は 食べれるけど、ひつじの 肉は だめ。においが 強いから。

3

先ぱい : バード君、帰れる？

バード君 : はい、帰れます。

先ぱい : じゃ、帰ろう。お先に。

バード君 : お先に しつれいします。

そうだね	well, let me see (colloquial male speech)
ひつじ	sheep
牛肉 ぎゅうにく	beef
食べれる た	can eat (See NOTE.)
だめ	no good
におい	smell
お先に さき	Bye. (*lit.* Before you.)

 It is very common in casual spoken Japanese between young people to drop the ら in the potential form of some Regular II verbs, such as たべる. As many older Japanese people do not like this shortened form, however, it is probably not a good idea to use it when speaking to adults

JAPAN NEWS

On average, Japanese people live longer than any other nationality in the world. Average life expectancy is 83 years for women and 77 years for men. In part this is due to the healthiness of the Japanese diet. The traditional Japanese diet, made up of foods like rice, noodles, fish (rather than meat), tofu and pickled vegetables and drinks like green tea or barley tea, is far healthier than a fatty Western diet with lots of animal fats, carbohydrates, and sugary carbonated drinks.

Of course, Japanese food is not healthy all of the time. Japanese children's favorite dishes are hamburgers and curry rice, and fast food restaurants like MacDonalds are more and more popular every year.

When a family is shown having breakfast in a Japanese soap opera, the parents may be having a traditional breakfast of miso soup and rice, while their children will be munching on bread rolls. This reflects the ongoing changes in Japanese eating habits.

T A S K ㉔

バード君は　ビデオが　何本　借りられますか。

Read the following sentences and using the pictures as your guide, write down
the things that you think can and cannot be done as shown in the example.

ex. バード君は　ビデオ屋の　けんを　二まい　持っています。けんは　七月
三十一日まで　使えます。一まいで　ビデオが　二本　借りられます。
きょうは　七月　二十日です。

① 青木さんは　十さいから　十五さいまで　ブラジルに　住んでいました。
ブラジルの　学校で　勉強しました。

② 田村さんは　三か月前から　毎しゅう　二かい　夕がただけ　ハン
バーガー屋で　アルバイトを　しています。

③ 南君は　水えい部に　入っています。毎日　二時かん、日よう日に
四時間　プールで　およぎます。

④ 山田さんの　学校は　きびしいです。せいふくを　着なければ　な
りません。毎日　しけんや　しゅくだいも　たくさん　あります。

ex. 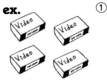 ① ②  ③ ④

ex. バード君は　ビデオが　四本　借りられる　　　　　　　と思います。

① 青木さんは　サンバが できない　　　　　　　　　　　　と思います。

② 田村さんは　ハンバーカーが ~~多い~~(多く) 食べられる 多く　と思います。
　　　　　　　　　　　　　　adj → adv.

③ 南君は　しょうらい*¹オリンピック~~の~~(にでる) せんしゅ になる　と思います。

④ 山田さんは　学校の　帰りに*²カラオケができない　　　と思います。

*¹ しょうらい　　future

*² ～の　帰りに　on the way home

REFERENCE

サンバ　Samba

SUMMARY TABLE

VERBS 5

Regular I

	−ない Form	−ます Form	Dictionary Form	Potential Form	Volitional Form	−て Form	−た Form
あ か	かかない	き かきます	く かく	け かける	こ かこう	かいて	かいた
	きかない	ききます	きく	きける	きこう	きいて	きいた
が	いそがない	ぎ いそぎます	ぐ いそぐ	げ いそげる	ご いそごう	いそいで	いそいだ
さ	けさない	し けします	す けす	せ けせる	そ けそう	けして	けした
	はなさない	はなします	はなす	はなせる	はなそう	はなして	はなした
ざ た	たたない	ち たちます	つ たつ	て たてる	と たとう	たって	たった
	またない	まちます	まつ	まてる	まとう	まって	まった
だ な	しなない	に しにます	ぬ しぬ	ね しねる	の しのう	しんで	しんだ
は ば	あそばない	び あそびます	ぶ あそぶ	べ あそべる	ぼ あそぼう	あそんで	あそんだ
ぱ ま	のまない	み のみます	む のむ	め のめる	も のもう	のんで	のんだ
	よまない	よみます	よむ	よめる	よもう	よんで	よんだ
や ら	かえらない	り かえります	る かえる	れ かえれる	ろ かえろう	かえって	かえった
	とらない	とります	とる	とれる	とろう	とって	とった
わ	いわない	い いいます	う いう	え いえる	お いおう	いって	いった
	かわない	かいます	かう	かえる	かおう	かって	かった

Regular II

	−ない Form	−ます Form	Dictionary Form	Potential Form	Volitional Form	−て Form	−た Form
	おきない	おきます	おきる	おきられる	おきよう	おきて	おきた
	みない	みます	みる	みられる	みよう	みて	みた
	たべない	たべます	たべる	たべられる	たべよう	たべて	たべた
	みせない	みせます	みせる	みせられる	みせよう	みせて	みせた

Irregular

	−ない Form	−ます Form	Dictionary Form	Potential Form	Volitional Form	−て Form	−た Form
	しない	します	する	できる	しよう	して	した
	こない	きます	くる	こられる	こよう	きて	きた

おせわに　なりました。

Bādo-kun went back to the United States. Today he wrote a letter to the Katō family in Japanese.

かとう家の　みなさん、

　お元気ですか。きのうの　夕がた　ぶじに　家に　着きました。
おとといは　シカゴの　おじの　家に　とまりました。ひさしぶりに
いとこに　会って、よる　おそくまで　いろいろな　話を　しました。
私は　とても　元気です。

　日本では　ほんとうに　おせわに　なりました。おみやげも
たくさん　ありがとうございました。一年間　みなさんと
いっしょに　すごせて　とても　楽しかったです。みなさんの
ごしん切を　わすれません。

　日本語の　勉強を　つづけて、また　日本へ　行きたいと　思いま
す。けん君、みどりちゃん、冬休みに　コロラドへ　あそびに
来てください。コロラドの　冬は　すばらしいです。いっしょに
スキーを　しましょう。待っています。

　田中先生や　学校の　みなさんに　どうぞ　よろしく　おつたえく
ださい。また　手紙を　書きます。Ｅメールも　おくります。
東京は　あついと　思いますが、どうぞ　お元気で。さようなら

八月　五日

　　　　　　　　　　　　　　　　　　　　　　マイク　バード

ついしん：　Ｅメールアドレス　　mike@ajalt.org. jp

みなさん	all, everyone
シカゴ	Chicago
おじ	uncle
ぶじに	safely
ひさしぶりに	after a long time
いとこ	cousin
おそくまで	until late
いろいろな	various
ほんとうに	sincerely, truly
おせわに　なりました	Thank you for all your trouble.
おみやげ	present
すごします（すごす）	spend time with, stay with
しんせつ	kindness
つづけます（つづける）	continue
よろしく	(give my) regards
おつたえください	Please tell.（politer than つたえてください）
つたえます（つたえる）	tell, pass on a message
ついしん	post script, P.S.
mike@ajalt.org.jp	マイク　アットマーク　アジャルト　ドット　オーアールジー　ドット　ジェーピー

NEW KANJI

京　家　紙　着　勉　強

T A S K ㉕

手紙を　書きましょう。
てがみ　か

Write a letter to a friend's family who let you stay with them for a week during the summer vacation.

ユエン　　　家の　みなさん、
　　　　　け

　お元気ですか。きのうの 午後 5じに いえに つきました。
　げんき

私は かぞくに 会って、よる おそくまで いろいろなを 話

を しました。

オーストリアでは ほんとうに おせわに なりました。手がみも

たくさん ありがとうございました。ドイツ語のべんきょう を

つづけて、また オーストリアへ 行きたいです。ははは まだ
　　　　　　　　　　　　　　　　　　　　　　け
オーストリアへ 行きないと 言っていました。ざんねんですね。

じゃあ、イギリスに 来てください。

ここは イギリスの 春 は ほんとうに きれいです。

_____ どうぞ　お元気で。さようなら。
　　　　　　　　　　　　　　　　　　　　　　げんき

六 月 二十 日
ろく がつ　にち

　　　　　　　　　　　　　　アニー ルエル

ついしん：_____

152　百五十二

Grammar Review

and

Mini Dictionary
小さいじしょ

Grammar Review

A Sentence Patterns

Sentence patterns	Examples	Lesson
1. −て、〜ます	1. がっこうへ　いって、べんきょうを　します。	31
	2. きのう　えいがを　みて、かいものを　して、	
	かえりました。	31
2. −てください	ピザを　とどけてください。	32
3. −ても　いいですか	おとうさんの　ワープロを　つかっても　いいですか。	33
4. −ています	1. おにいちゃんは　まだ　かおを　あらっています。	34
	2. おばあさんは　ニューヨークに　すんでいます。	36
5. −ましょうか	まどを　あけましょうか。	32
6. −たいです	わたしは　にっこうへ　いきたいです。	35
7. ……が　ほしいです	わたしは　あたらしい　ＣＤが　ほしいです。	35
8. ……へ　……に　いき／き／かえります	1. にっこうへ　スキーに　いきます。	35
	2. ともだちの　うちへ　あそびに　きました。	35
	3. うちへ　ごはんを　たべに　かえりましょう。	35
9. −ないでください	となりの　ひとと　はなさないでください。	36
10. −なければなりません	そうじを　てつだわなければ　なりません。	37
11. −なくてもいいです	あしたは　がっこうへ　いかなくても　いいです。	37

Sentence patterns	Examples	Lesson
12. ～くて、～です	この　かばんは　<u>おおきくて</u>、<u>べんりです</u>。	39
～で、～です	あの　こうえんは　<u>しずかで</u>、<u>きれいです</u>。	39
……で、……です	ラモスさんは　<u>ブラジルじんで</u>、<u>ちゅうがくせいです</u>。	39
13. ～と　いいます	「good night」は　にほんごで　「おやすみなさい」<u>と</u> <u>いいます</u>。	41
～と　いっていました	やまもとくんは　きのう　えいがを　<u>みたと</u> <u>いっていました</u>。	41
～と　おもいます	あしたは　<u>あめだと</u>　<u>おもいます</u>。	41
14. ……は　……より　～です	きゅうしゅう<u>は</u>　ほっかいどう<u>より</u>　ちいさい<u>です</u>。	43

B Verbs & Adjectives

Lesson	Verbs	ーい adjectives	ーな adjectives
31	あつまります（あつまる）meet up, gather けんがくを　します（する）visit, go on a field trip しゃしんを　とります（とる）take (a photograph)		
32	あけます（あける）open いいます（いう）say, speak おきます（おく）put, place おします（おす）push, press さします（さす）point しまいます（しまう）put away しめます（しめる）close だします（だす）take out とどけます（とどける）deliver とります（とる）take とめます（とめる）stop はしります（はしる）run まがります（まがる）turn		
33	かります（かりる）borrow がんばります（がんばる）try one's best, stick to it きります（きる）cut けします（けす）turn off, switch off すてます（すてる）throw away, dispose つけます（つける）turn on, switch on もってきます（もってくる）bring		
34	うごきます（うごく）move おわります（おわる）to be over, to be finished かんがえます（かんがえる）think about さがします（さがす）look for, search シャワーを　あびます（あびる）take a shower しらべます（しらべる）investigate, find out でかけます（でかける）go out ならべます（ならべる）line up もちます（もつ）have りょうりを　します（する）cook, make dinner よびます（よぶ）call out, beckon	ほしい want	
35	あそびます（あそぶ）play およぎます（およぐ）swim なります（なる）become むしを　とります（とる）hunt for insects		
36	アルバイトを　します（する）do part-time work うります（うる）sell かけます（かける）wear (spectacles) かぶります（かぶる）wear (a hat) きます（きる）wear けっこんします（けっこんする）marry しります（しる）know すみます（すむ）live, dwell, reside つとめます（つとめる）work full-time はきます（はく）wear (skirt, trousers, shoes, etc.)		

Lesson	Verbs	ー い adjectives	ー な adjectives
37	おくれます（おくれる）be late おしゃべりを　します（する）chat さわります（さわる）touch すいます（すう）smoke (a cigarette, pipe, etc.) すてます（すてる）throw away, litter つれてきます（つれてくる）bring along とめます（とめる）park (a car, bicycle, etc.) なくします（なくす）lose はじめます（はじめる）begin, start わすれます（わすれる）forget		たいせつな important
38	おぼえます（おぼえる）remember きを　つけます（つける）be careful だします（だす）submit てつだいます（てつだう）help ぬぎます（ぬぐ）take off (clothes) はらいます（はらう）pay		たいへんな difficult
39	おとします（おとす）lose, drop とどきます（とどく）arrive, be delivered はいります（はいる）join, is a member	あまい sweet うるさい noisy からい salty, spicy きたない dirty すっぱい sour まずい foul tasting やさしい kind	かんたんな simple, straightforward まじめな serious, earnest
40	たちます（たつ）be built, be put up はしります（はしる）run つかれます（つかれる）be tired	あたたかい warm すずしい cool つよい strong つまらない boring	ハンサムな handsome
41	あたります（あたる）hit, strike おもいます（おもう）think まけます（まける）lose	こわい frightening, scary すばらしい wonderful	じゅうぶんな enough, sufficient
42	おどります（おどる）dance おなかが　すきます（すく）be hungry すきます（すく）be not full, become empty のぼります（のぼる）climb, go up もっていきます（もっていく）take along よびます（よぶ）invite		
43	かいます（かう）breed, keep (as a pet, livestock) さきます（さく）bloom, blossom できます（できる）grow ふります（ふる）fall	きびしい strict, stern, tough ほそい narrow	
44	うたいます（うたう）sing うんてんを　します（する）drive ひきます（ひく）play (a musical instrument)		
45	すごします（すごす）spend time with, stay with つたえます（つたえる）tell, pass on a message つづけます（つづける）continue		いろいろな various

C Particles

D Adverbs & Adverbial Phrases

Adverbs	Examples	Lesson
ゆっくり	ゆっくり いってください。	32
まだ	まだ しらべています。	34
すぐ	すぐ もってきます。	34
はやく	おにいちゃん、はやく。	34
よく	おとうさんは かんじを よく しっています。	36
しずかに	しずかに してください。	37
ぜったいに	ぜったいに おくれないで ください。	37
おそく	おそく なって、すみません。	38
もっと	もっと いっしょに いたかったです。	40
いっしょうけんめいに	ぼくも いっしょうけんめいに はしった。	40
ほかに	にほんは しまぐにです。おもな しまは よっつです。 その ほかに ちいさい しまが たくさん あります。	43
たとえば	おきなわで いろいろな くだものが できます。 たとえば、パイナップルや バナナが できます。	43
ぜんたいに	にほんは ぜんたいに やまが おおくて、へいやが すくないです。	43
おさきに	おさきに しつれいします。	44
ぶじに	きのうの ゆうがた ぶじに いえに つきました。	45
ひさしぶりに	せんしゅう ひさしぶりに いとこに あいました。	45

Mini Dictionary
小さいじしょ

Japanese-English Glossary

日本ご	かんじ	English	Lesson	Page
あ				
あいだ	間	between (in terms of space)	34	38
あかいの	赤いの	the red one	33	30
あけまして		A new year begins	41	114
あけまして　おめでとうございます		Happy New Year.	41	114
あけます（あける）		open	32	17
あじ		taste	39	90
アジア		Asia	43	129
あそびます（あそぶ）		play	35	43
あたたかい		warm （-い adj.）	40	101
あたまが　いい		clever, smart	39	87
あたる		hit, strike	41	111
あつまって		（-て form of あつまります）	31	6
あつまります（あつまる）		meet up, gather	31	6
アフリカ		Africa	43	132
あまい		sweet （-い adj.）	39	90
アルバイト		part-time job	36	58
アルバイトを　します（する）		do part-time work	36	58
アルバム		album	33	27
アンケート		questionnaire	41	111
い				
いいね		That's nice. I agree with you.	31	8
いいます（いう）	言います（言う）	say, speak	32	17
いけません		That won't do.	33	30
いっしょうけんめいに		with all one's might	40	103
いって	行って	（-て form of 行きます）	31	1
いっていました	言っていました	said (used for third person)	41	105
いつでも		anytime	43	132
いとこ		cousin	45	151
いろいろな		various	45	151
インターネット		Internet	44	143
う				
ウィスキー		whiskey	44	143
うーん、それは　ちょっと。		Sorry, but …	33	23
うごきます（うごく）		move	34	38
うし	牛	cow, cattle	43	132
うたいます（うたう）		sing	44	143
うっています	売っています	sell	36	54
うなぎ		eel	44	143

日本ご	かんじ	English	Lesson	Page
うま		horse	43	132
うります （うる）	売ります （売る）	sell	36	54
うるさい		noisy （ーい adj.）	39	87
うんてんします （うんてんする）		drive	44	143

え

えいごぶ	えい語部	English conversation club	38	78
エレナ ラモス		Elena Ramos (name)	31	8

お

おうえん		support, cheering	38	80
おおきくて	大きくて	（ーて form of 大きい）	39	83
おかげさまで		Thank you.	41	114
おきなければ なりません		must get up	38	73
おきます （おく）		put, place	32	17
～おく		-hundred million	43	129
おくれます （おくれる）		be late	37	70
おさきに	お先に	Bye. (lit. Before you.)	44	147
おしましょうか		Shall I push?	32	20
おします （おす）		push, press	32	20
おしゃべり		chatting	37	67
おしゃべりを します （する）		chat, talk	37	67
おじ		uncle	45	151
おせわに なりました		Thank you for all your trouble.	45	151
おそく		late	38	80
おそく なった		It's gotten late	38	80
おそくまで		until late	45	151
おつたえください		Please tell （politer than つたえてください）	45	151
おとします （おとす）		lose, drop	39	90
おどります （おどる）		dance	42	123
おなかが すきます		to be hungry	42	126
おぼえます （おぼえる）		remember	38	77
おみやげ		present	45	151
おめでとうございます		Congratulations.	41	114
おもいます （おもう）	思います （思う）	think	41	105
おもな		main	43	129
およぎます （およぐ）		swim	35	43
およげます （およげる）		can swim	44	143
おわり	終わり	end	43	129
おわります （おわる）	終わります （終わる）	to be over, to be finished	34	33
おんせん		hot spring, spa	35	44

か

かいぎ	会ぎ	meeting, conference	33	30
かいます （かう）		breed, keep (as a pet, livestock)	43	132
かえろう	帰ろう	Let's go home.	42	117
かえろうか	帰ろうか	Shall we go home?	42	117
かぐ		furniture	36	54
かぐや	かぐ屋	furniture store	36	54
かけます （かける）		wear (spectacles)	36	54
かざん	火山	volcano	43	129
かじ	火じ	fire	43	132
かぜ		wind	40	101
かとうけ	かとう家	The Kato family	34	36
かど		corner	32	17
かぶと		samurai helmet	36	54
かぶります （かぶる）		wear (a hat)	36	54

日本ご	かんじ	English	Lesson	Page
コート		coat	36	54
コーラス		choir, glee club	39	88
コーン		corn	32	18
こくさい	国さい	international	44	143
こくさいでんわ	国さい電話	international telephone (call)	44	143
こくばん	黒ばん	blackboard	32	17
ごみ		garbage, trash, rubbish	33	27
こめ		rice	43	129
コメディー		comedy	42	124
これから		from now on	38	80
こわい		frightening, scary (－い adj.)	41	111
こんしゅうちゅう	今しゅう中	by the end of this week, within this week	38	77
コンテスト		contest, competition	39	88
こんど		next time	38	78

さ

日本ご	かんじ	English	Lesson	Page
さ		difference	43	129
さあ		well	34	36
サーフィン		surfing	35	43
さいきん		recently, lately	38	80
さいふ		wallet, purse	39	90
さがします（さがす）		look for, search	34	36
さく（さきます）		bloom, blossom	43	129
さします（さす）		point	32	17
さつえいきんし	さつえい禁止	no photography	37	67
～さま		politer word for ～さん	32	18
さむらい		samurai warrior	42	123
（お）さら		plate, dish, bowl	33	23
さわります（さわる）		touch	37	67
サングラス		sunglasses	36	54

し

日本ご	かんじ	English	Lesson	Page
じ	字	letter, character	40	101
～じ	～字	(counter for characters, letters, etc.)	38	80
シカゴ		Chicago	45	151
しけん		test, exam	37	61
しこく	四国	Shikoku (place name)	43	129
じしん		earthquake	41	111
しずかで		(－て form of しずかな)	39	83
しずかに してください		Please be quiet. Silence!	37	68
しっています	知っています	know (lit. is knowing)	36	49
しなくても いいです		don't have to do (it), no need to do (it)	38	73
しばふ		lawn, grass	37	67
しふく		plain clothes, not in uniform	33	30
しま		island	43	129
しま		stripe	36	54
しまいます（しまう）		put away	32	17
しまぐに	しま国	island nation	43	129
します（する）		wear (a tie, scarf, etc.)	36	54
しめます（しめる）		close	32	17
しゃかい	社会	social studies	33	28
シャッター		shutter (on a camera)	32	20
シャワー		shower	34	35
シャワーを あびます（シャワーを あびる）		take a shower	34	35
～じゅう	～中	by the end of ..., within ...	38	77
じゅうごパーセント	十五パーセント	15 percent	44	144

日本ご	かんじ	English	Lesson	Page
（ご）じゅうしょ	（ご）住所	(your) address	32	18
じゅうねんまえ	10年前	10 years ago	40	101
じゅうぶん	十分	enough, sufficient	41	112
じゅぎょう		lesson, class	31	6
じゅんび		preparations	34	35
しょうがくせい	小学生	elementary school pupil	39	87
しらべます（しらべる）		investigate, find out	34	35
しります（しる）	知ります（知る）	know	36	49
しりません	知りません	don't know	36	49
しんごう		traffic light	32	11
しんじゅ		pearl	36	54
しんせつ	しん切	kindness	45	151

す

日本ご	かんじ	English	Lesson	Page
すいます（すう）		smoke (a cigarette, pipe, etc.)	37	67
スカート		skirt	36	54
スキー		ski (equipment)	37	67
すきます（すく）		to not be full, to become empty	42	126
すぐ		soon, right away	34	36
すごします（すごす）		spend time with, stay with	45	151
すずしい		cool (−い adj.)	40	101
〜ずつ		at a time	38	80
すっぱい		sour (−い adj.)	39	90
すてます（すてる）		throw away, dispose	33	27
スニーカー		sneakers	36	54
すばらしい		wonderful (−い adj.)	41	111
スペインご	スペイン語	Spanish (language)	44	143
ズボン		trousers	36	54
すみます（すむ）	住みます（住む）	live, dwell, reside	36	49
すんでいます	住んでいます	live (lit. is living)	36	49

せ

日本ご	かんじ	English	Lesson	Page
せいじ		politics	41	111
せいひん		product, produce	43	132
ぜったいに		absolutely	37	70
ぜんたいに		generally, as a whole	43	129
セントラルパーク		Central Park	36	56

そ

日本ご	かんじ	English	Lesson	Page
そうだね		well, let me see (colloquial male speech)	44	147
そと	外	outside, outdoors	34	36
そのほかに		besides, moreover, in addition	43	129
そら	空	sky	39	90
それで		therefore, and so	41	112

た

日本ご	かんじ	English	Lesson	Page
たいかい	大会	sports meeting	40	103
だいがくせい	大学生	university (college) student	39	87
たいせつな	大切な	(−な adj.) important	37	70
〜たいです		I want to …	35	39
ダイビング		scuba diving	35	43
たいふう		typhoon	43	129
たいへんな	大へんな	difficult (−な adj.)	38	80
タオル		towel	37	67
だします（だす）	出します（出す）	submit	38	77
だします（だす）	出します（出す）	take out	32	17
たちます（たつ）		be built, be put up	40	101

日本ご	かんじ	English	Lesson	Page
たとえば		for example	43	129
たばこ		cigarette	37	67
たべられます（たべられる）	食べられます（食べられる）	can eat	44	135
だめ		no good	44	147

ち

チーズ		cheese	43	132
～ちゅう	～中	by the end of …, within …	38	77
ちゅうしゃきんし	ちゅう車禁止	no parking	37	67
ちゅうしゃじょう	ちゅう車じょう	car park	37	67

つ

ついしん		post script, P.S.	45	151
つかれた		was tired	40	103
つかれます（つかれる）		be tired	40	103
つぎの		the next …	32	20
つけます（つける）		turn on, switch on	33	27
つたえます（つたえる）		tell, pass on a message	45	151
つづけます（つづける）		continue	45	151
つとめます（つとめる）		work full-time	36	58
つまらない		boring (−い adj.)	40	101
つよい	強い	strong (−い adj.)	40	101
つり		fishing	35	43

て

ディスコ		disco	42	123
でかけます（でかける）	出かけます（出かける）	go out	34	36
できる（できます）		grow	43	129
てつだいます（てつだう）	手つだいます（手つだう）	help	38	78
てまえ	手前	just before	32	17
でます（でる）	出ます（出る）	attend, participate	44	143
～でも		any-	43	132
でんき	電気	(electric) lights	33	27

と

と		(quotation particle)	41	105
とうきょうタワー	東京タワー	Tokyo Tower	35	43
どくしょ	読書	reading	40	101
とどきます（とどく）		arrive, be delivered	39	88
とどけてください		Please deliver….	32	18
とどけます（とどける）		deliver	32	18
とめてください	止めてください	Please stop	32	20
とめます（とめます）	止めます（止める）	park (a car, bicycle, etc.)	37	67
とめます（とめる）	止めます（止める）	stop	32	20
ドライブ		driving	35	43
とらないでください		Don't take (it)	37	61
とりたいです		I want to take (a picture)	35	39
とります（とる）（しゃしんを）		take (a photograph)	31	6
とります（とる）		hunt, catch	35	43
とります（とる）		take	32	17

な

な		sentence-final particle used in monologue or emotional situations	35	46
～ないでください		(please) don't do …	37	61
ながさき	長崎	Nagasaki (place name)	43	132
なくします（なくす）		lose	37	70

日本ご	かんじ	English	Lesson	Page
〜なくても　いいです		don't have to …, no need to …	38	73
〜なければ　なりません		must, have to	38	73
なら	奈良	Nara (place name)	43	132
ならべます（ならべる）		line up	34	35
なります（なる）		become	35	43

に

日本ご	かんじ	English	Lesson	Page
におい		smell	44	147
にかい	二かい	twice	38	80
にはく	二はく	two nights	44	144
ニューヨーク		New York	36	56

ぬ

日本ご	かんじ	English	Lesson	Page
ぬぎます（ぬぐ）		take off (clothes)	38	77

の

日本ご	かんじ	English	Lesson	Page
〜の　とき		the time when …	40	101
〜の		question marker (used with informal speech)	31	8
のぼります（のぼる）		climb, go up	42	123

は

日本ご	かんじ	English	Lesson	Page
〜パーセント		-percent	44	144
ハイキング		hiking	35	43
はいっています（はいります）	入っています（入ります）	join, is a member	39	88
ばいてん	売店	stall, stand, concession	36	58
パイナップル		pineapple	43	132
はきます（はく）		wear (skirt, trousers, shoes, etc.)	36	54
〜はく		(counter for nights)	44	144
はくぶつかん		museum	31	6
はさみ		scissors	32	17
はしった	走った	ran	40	103
はしって	走って	(ーて form of 走ります)	32	17
はしります（はしる）	走ります（走る）	run	32	17
はじめ		beginning	43	129
はじめます（はじめる）	始めます（始める）	begin, start	37	68
パスポート		passport	32	17
バター		butter	43	132
はっぴょう		announce, publish	38	78
はっぴょうかい	はっぴょう会	recital	38	78
はなせます（はなせる）	話せます（話せる）	can speak	44	135
ハム		ham	32	18
はやく	早く	Hurry up! Be quick!	34	36
はらいます（はらう）		pay	38	77
はれ		fine	40	101
ハンサムな		handsome (ーな adj.)	40	101

ひ

日本ご	かんじ	English	Lesson	Page
ピアス		earrings	37	67
ビーチバレー		volleyball (played on the beach)	35	43
ひがし	東	east	43	129
ひきます（ひく）		play (a musical instrument)	44	143
ピクニック		picnic	35	43
ひさしぶりに		after a long time	45	151
ひつじ		sheep	44	147
ひろさ	広さ	area	43	129
ひろしま	広島	Hiroshima (place name)	43	132

日本ご	かんじ	English	Lesson	Page
ふ				
〜ぶ	〜部	–club	38	78
ファイル		file	32	17
ぶじに		safely	45	151
ふつう		ordinary, normal, regular	43	132
ブラジルじんで	ブラジル人で	(–て form of ブラジル人です)	39	83
ふる（ふります）		fall	43	129
プロ		a professional	35	46
フロッピー		floppy disk	36	54
ぶんぼうぐ		stationery	36	54
ぶんぼうぐや	文ぼうぐ屋	stationer	36	54
へ				
へいほうキロメートル		square kilometers	43	129
へいや		plain	43	129
ほ				
ほしい		want	35	46
ほそい		narrow	43	129
ほら		Look!	42	126
ポルトガルご	ポルトガル語	Portuguese (language)	44	143
ほんしゅう	本州	Honshu (place name)	43	129
ほんとうに		sincerely, truly	45	151
ホンコン		Hong Kong	42	124
ま				
〜まえ	〜前	–ago	40	101
まがって		(–て form of まがります)	32	11
まがります（まがる）		turn	32	11
まけた（まける）		lost (lose)	41	111
まじめな		serious, earnest （–な adj.）	39	87
まずい		foul tasting （–い adj.）	39	87
まだ		still	34	33
マラソン		marathon	40	103
マラソンたいかい	マラソン大会	marathon race	40	103
まわり		around	43	129
み				
みてください	見てください	Please look. Look!	32	11
みなさん		all, everyone	45	151
む				
むかし		formerly, in the past	40	101
むこう		the other side	32	17
むし		insect, bug	35	43
むしを　とります		hunt for insects	35	43
め				
メール		e-mail	39	88
めぐろ	目黒	Meguro (name of area in Tokyo)	32	18
メモちょう		note pad	37	70
も				
もちます（もつ）	持ちます（持つ）	have	34	36
もっていきます（もっていく）	持って行きます（持って行く）	take along	42	126
もっています	持っています	have	36	49

日本ご	かんじ	English	Lesson	Page
もってきます（もってくる）	持って来ます（持って来る）	bring	33	27
もの		thing	37	70

や

やおや	やお屋	greengrocer	36	54
やさしい		kind (－い adj.)	39	87

ゆ

ゆうえんち		amusement park, theme park	34	36
ゆうやけ	夕やけ	red sky	41	114
ゆき		snow	41	111
ゆっくり		slowly	32	17

よ

ヨーロッパ		Europe	43	132
ヨット		yacht	35	43
よびます（よぶ）		call out, beckon	34	36
よびます（よぶ）		invite	42	123
～より		than-	43	129
よろしく		(give my) regards	45	151

り

りゅうがくせい	りゅう学生	international student, overseas student	33	30
りょうりを　します（りょうりを　する）		cook, make dinner	34	35

る

るすばん		to be away from home	40	101

わ

わすれます（わすれる）		forget	37	70
～わよ		(female informal speech ending)	33	30
わりびき		discount	44	144
ワンピース		dress	36	54

を

～を　のぞいて		except for, other than	43	129

English-Japanese Glossary

English	日本ご	かんじ	Lesson	Page
A				
absolutely	ぜったいに		37	70
(your) address	（ご）じゅうしょ	（ご）住所	32	18
advertisement	こうこく		36	58
advertising agency	こうこくがいしゃ	こうこく会社	36	58
Africa	アフリカ		43	132
after a long time	ひさしぶりに		45	151
–ago	～まえ	～前	40	101
air	くうき	空気	39	90
album	アルバム		33	27
all	みなさん		45	151
amusement park	ゆうえんち		34	36
announce	はっぴょう		38	78
any-	～でも		43	132
anytime	いつでも		43	132
area	ひろさ	広さ	43	129
around	まわり		43	129
as a whole	ぜんたいに		43	129
Asia	アジア		43	129
at a time	～ずつ		38	80
at once	すぐ		37	70
attend	でます（でる）	出ます（出る）	44	143
B				
be built	たちます（たつ）		40	101
be careful	きを つけます（きを つける）	気を つけます（気を つける）	38	80
be delivered	とどきます（とどく）		39	88
be late	おくれます（おくれる）		37	70
Be quick!	はやく	早く	34	36
be tired	つかれます（つかれる）		40	103
beckon	よびます（よぶ）		34	36
become	なります（なる）		35	43
beef	ぎゅうにく	牛肉	44	147
begin	はじめます（はじめる）	始めます（始める）	37	68
beginning	はじめ		43	129
besides	そのほかに		43	129
between (in terms of space)	あいだ	間	34	38
blackboard	こくばん	黒ばん	32	17
bloom	さく（さきます）		43	129
blossom	さく（さきます）		43	129
boring	つまらない		40	101
borrow	かります（かりる）	借ります（借りる）	33	27
bowl	さら（お）さら		33	23
breed	かいます（かう）		43	132
bring	もってきます（もってくる）	持って来ます（持って来る）	33	27
butter	バター		43	132
by the end of this week	こんしゅうちゅう	今しゅう中	38	77
by the end of today	きょうじゅう	きょう中	38	77
by the end of …	～じゅう；～ちゅう	～中；～中	38	77
Bye	おさきに (*lit.* Before you.)	お先に	44	147

English	日本ご	かんじ	Lesson	Page
(please) don't do …	〜ないでください		37	61
don't have to do (it)	しなくても いいです		38	73
don't have to …	〜なくても いいです		38	73
don't know	しりません	知りません	36	49
Don't take (it)	とらないでください		37	61
dress	ワンピース		36	54
drive	うんてんします（うんてんする）		44	143
driving	ドライブ		35	43
drop	おとします（おとす）		39	90
dwell	すみます（すむ）	住みます（住む）	36	49

E

English	日本ご	かんじ	Lesson	Page
e-mail	メール		39	88
earnest	まじめな		39	87
earrings	ピアス		37	67
earthquake	じしん		41	111
east	ひがし	東	43	129
economics	けいざい		41	111
eel	うなぎ		44	143
elementary school pupil	しょうがくせい	小学生	39	87
Elena Ramos (name)	エレナ ラモス		31	8
end	おわり	終わり	43	129
English conversation club	えいごぶ	えい語部	38	78
enough	じゅうぶん	十分	41	112
Europe	ヨーロッパ		43	132
everyone	みなさん		45	151
exam	しけん		37	61
except for	〜を のぞいて		43	129

F

English	日本ご	かんじ	Lesson	Page
fabric	きれ		39	90
factory	こうじょう		40	101
fall	ふる（ふります）		43	129
-family	〜け	〜家	34	36
field trip	けんがく	見学	31	6
15 percent	じゅうごパーセント	十五パーセント	44	144
file	ファイル		32	17
find out	しらべます（しらべる）		34	35
fine	はれ		40	101
fine voice	こえが いい		39	88
fire	かじ	火じ	43	132
fishing	つり		35	43
floppy disk	フロッピー		36	54
for example	たとえば		43	129
forget	わすれます（わすれる）		37	70
formerly	むかし		40	101
foul tasting	まずい		39	87
frightening	こわい		41	111
from now on	これから		38	80
furniture	かぐ		36	54
furniture store	かぐや	かぐ屋	36	54

G

English	日本ご	かんじ	Lesson	Page
garbage	ごみ		33	27
gather	あつまります（あつまる）		31	6
generally	ぜんたいに		43	129
glee club	コーラス		39	88
go on a field trip	けんがくを します（する）	見学を します	31	6

English	日本ご	かんじ	Lesson	Page
go out	でかけます　（でかける）	出かけます　（出かける）	34	36
go up	のぼります　（のぼる）		42	123
Good luck!	がんばって		33	28
grass	しばふ		37	67
greengrocer	やおや	やお屋	36	54
grow	できる　（できます）		43	129
guest	（お）きゃくさん；きゃく		37	67

H

English	日本ご	かんじ	Lesson	Page
ham	ハム		32	18
handsome	ハンサムな		40	101
Happy New Year	あけまして　おめでとうございます		41	114
have	もちます　（もつ）	持ちます　（持つ）	34	36
have to	〜なければ　なりません		38	73
help	てつだいます　（てつだう）	手つだいます　（手つだう）	38	78
hiking	ハイキング		35	43
Hiroshima (place name)	ひろしま	広島	43	132
hit	あたる		41	111
Hong Kong	ホンコン		42	124
Honshu (place name)	ほんしゅう	本州	43	129
horse	うま		43	132
hot spring	おんせん		35	44
-hundred million	〜おく		43	129
hunt	とります　（とる）		35	43
hunt for insects	むしを　とります		35	43
Hurry up!	はやく	早く	34	36

I

English	日本ご	かんじ	Lesson	Page
I agree with you.	いいね		31	8
I want to take　(a picture)	とりたいです		35	39
I want to …	〜たいです		35	39
important	たいせつな	大切な	37	70
in addition	そのほかに		43	129
in the past	むかし		40	101
insect, bug	むし		35	43
instantly	すぐ		37	70
international	こくさい	国さい	44	143
international student	りゅうがくせい	りゅう学生	33	30
international telephone (call)	こくさいでんわ	国さい電話	44	143
Internet	インターネット		44	143
intersection	こうさてん		32	17
investigate	しらべます　（しらべる）		34	35
invite	よびます　（よぶ）		42	123
is a member	はいっています　（はいります）	入っています　（入ります）	39	88
island	しま		43	129
island nation	しまぐに	しま国	43	129
It's gotten late	おそく　なった		38	80

J

English	日本ご	かんじ	Lesson	Page
join	はいっています　（はいります）	入っています　（入ります）	39	88
junction	こうさてん		32	17
just before	てまえ	手前	32	17
The Kato family	かとうけ	かとう家	34	36

K

English	日本ご	かんじ	Lesson	Page
keep (as a pet, livestock)	かいます　（かう）		43	132
kimono	きもの	着もの	36	54
kind	やさしい		39	87

English	日本ご	かんじ	Lesson	Page
normal	ふつう		43	132
not in uniform	しふく		33	30
note pad	メモちょう		37	70

O

open	あけます（あける）		32	17
ordinary	ふつう		43	132
other than	～を のぞいて		43	129
outside, outdoors	そと	外	34	36
overseas student	りゅうがくせい	りゅう学生	33	30

P

park (a car, bicycle, etc.)	とめます（とめます）	止めます（止める）	37	67
part-time job	アルバイト		36	58
participate	でます（でる）	出ます（出る）	44	143
pass on a message	つたえます（つたえる）		45	151
passport	パスポート		32	17
pay	はらいます（はらう）		38	77
pearl	しんじゅ		36	54
-percent	～パーセント		44	144
picnic	ピクニック		35	43
pineapple	パイナップル		43	132
place	おきます（おく）		32	17
plain	へいや		43	129
plain clothes	しふく		33	30
plate	さら（お）さら		33	23
play	あそびます（あそぶ）		35	43
play (a musical instrument)	ひきます（ひく）		44	143
Please be quiet	しずかに してください		37	68
Please deliver…	とどけてください		32	18
Please look. Look!	みてください	見てください	32	11
Please stop	とめてください	止めてください	32	20
Please tell	おつたえください（politer than つたえてください）		45	151
point	さします（さす）		32	17
police officer	けいかん		39	90
politics	せいじ		41	111
Portuguese (language)	ポルトガルご	ポルトガル語	44	143
post script (P.S.)	ついしん		45	151
preparations	じゅんび		34	35
present	おみやげ		45	151
press	おします（おす）		32	20
produce	せいひん		43	132
product	せいひん		43	132
a professional	プロ		35	46
publish	はっぴょう		38	78
purse	さいふ		39	90
push	おします（おす）		32	20
put	おきます（おく）		32	17
put away	しまいます（しまう）		32	17

Q

questionnaire	アンケート		41	111

R

ran	はしった	走った	40	103
reading	どくしょ	読書	40	101
recently	さいきん		38	80

English	日本ご	かんじ	Lesson	Page
recital	はっぴょうかい	はっぴょう会	38	78
red sky	ゆうやけ	夕やけ	41	114
(give my) regards	よろしく		45	151
regular	ふつう		43	132
remember	おぼえます（おぼえる）		38	77
reside	すみます（すむ）	住みます（住む）	36	49
rice	こめ		43	129
right away	すぐ		34	36
rubbish	ごみ		33	27
run	はしります（はしる）	走ります（走る）	32	17

S

English	日本ご	かんじ	Lesson	Page
safely	ぶじに		45	151
said (used for third person)	いっていました	言っていました	41	105
salty	からい		39	90
samurai helmet	かぶと		36	54
samurai warrior	さむらい		42	123
say	いいます（いう）	言います（言う）	32	17
scary	こわい		41	111
scissors	はさみ		32	17
scuba diving	ダイビング		35	43
search	さがします（さがす）		34	36
sell	うります（うる）	売ります（売る）	36	54
serious	まじめな		39	87
Shall I push?	おしましょうか		32	20
Shall we go home?	かえろうか	帰ろうか	42	117
sheep	ひつじ		44	147
Shikoku (place name)	しこく	四国	43	129
shower	シャワー		34	35
shutter (on a camera)	シャッター		32	20
Silence!	しずかに　してください		37	68
simple	かんたんな		39	87
sincerely	ほんとうに		45	151
sing	うたいます（うたう）		44	143
ski (equipment)	スキー		37	67
skirt	スカート		36	54
sky	そら	空	39	90
slowly	ゆっくり		32	17
smart	あたまが　いい		39	87
smell	におい		44	147
smoke (a cigarette, pipe, etc.)	すいます（すう）		37	67
sneakers	スニーカー		36	54
snow	ゆき		41	111
social studies	しゃかい	社会	33	28
soon	すぐ		34	36
Sorry, but …	うーん、それは　ちょっと。		33	23
sour	すっぱい		39	90
spa	おんせん		35	44
Spanish (language)	スペインご	スペイン語	44	143
speak	いいます（いう）	言います（言う）	32	17
spend time with	すごします（すごす）		45	151
spicy	からい		39	90
sports meeting	たいかい	大会	40	103
square kilometers	へいほうキロメートル		43	129
stall	ばいてん	売店	36	58
stand	ばいてん	売店	36	58
start	はじめます（はじめる）	始めます（始める）	37	68

English	日本ご	かんじ	Lesson	Page
stationer	ぶんぼうぐや	文ぼうぐ屋	36	54
stationery	ぶんぼうぐ		36	54
stay with	すごします（すごす）		45	151
stern	きびしい		43	132
stick to it	がんばります（がんばる）		33	28
still	まだ		34	33
stop	とめます（とめる）	止めます（止める）	32	20
straightforward	かんたんな		39	87
strict	きびしい		43	132
strike	あたる		41	111
stripe	しま		36	54
strong	つよい	強い	40	101
study visit	けんがく	見学	31	6
(school) subject	かもく		43	132
submit	だします（だす）	出します（出す）	38	77
sufficient	じゅうぶん	十分	41	112
sunglasses	サングラス		36	54
support	おうえん		38	80
surfing	サーフィン		35	43
sweet	あまい		39	90
swim	およぎます（およぐ）		35	43
switch off	けします（けす）		33	27
switch on	つけます（つける）		33	27

T

English	日本ご	かんじ	Lesson	Page
take	とります（とる）		32	17
take (a photograph)	とります（とる）（しゃしんを）		31	6
take a shower	シャワーを あびます（シャワーを あびる）		34	35
take along	もっていきます（もっていく）	持って行きます（持って行く）	42	126
take off (clothes)	ぬぎます（ぬぐ）		38	77
take out	だします（だす）	出します（出す）	32	17
talk	おしゃべりを します（する）		37	67
taste	あじ		39	90
tell	つたえます（つたえる）		45	151
temperature	きおん	気おん	43	129
10 years ago	じゅうねんまえ	10年前	40	101
test	しけん		37	61
than-	～より		43	129
Thank you for all your trouble	おせわに なりました		45	151
Thank you	おかげさまで		41	114
That won't do	いけません		33	30
That's nice	いいね		31	8
the next ...	つぎの		32	20
the other side	むこう		32	17
the red one	あかいの	赤いの	33	30
the time when ...	～の とき		40	101
theme park	ゆうえんち		34	36
therefore, and so	それで		41	112
thing	もの		37	70
think	おもいます（おもう）	思います（思う）	41	105
think about	かんがえます（かんがえる）		34	35
throw away	すてます（すてる）		33	27
tin	かん		33	27
to be away from home	るすばん		40	101
to be finished	おわります（おわる）	終わります（終わる）	34	33
to be hungry	おなかが すきます		42	126

English	日本ご	かんじ	Lesson	Page
to be over	おわります（おわる）	終わります（終わる）	34	33
to become empty	すきます（すく）		42	126
to not be full	すきます（すく）		42	126
Tokyo Tower	とうきょうタワー	東京タワー	35	43
tortoise	かめ		34	38
touch	さわります（さわる）		37	67
tough	きびしい		43	132
towel	タオル		37	67
traffic light	しんごう		32	11
trash	ごみ		33	27
trousers	ズボン		36	54
truly	ほんとうに		45	151
try one's best	がんばります（がんばる）		33	28
Try your best	がんばって		33	28
turn	まがります（まがる）		32	11
turn off	けします（けす）		33	27
turn on	つけます（つける）		33	27
turtle	かめ		34	38
twice	にかい	二かい	38	80
two nights	にはく	二はく	44	144
typhoon	たいふう		43	129

U

English	日本ご	かんじ	Lesson	Page
uncle	おじ		45	151
university (college) student	だいがくせい	大学生	39	87
until late	おそくまで		45	151

V

English	日本ご	かんじ	Lesson	Page
various	いろいろな		45	151
visit	けんがくを　します（する）	見学を　します	31	6
visitor	（お）きゃくさん；きゃく		37	67
voice	こえ		32	17
volcano	かざん	火山	43	129
volleyball (played on the beach)	ビーチバレー		35	43
voucher	けん		44	144

W

English	日本ご	かんじ	Lesson	Page
wallet	さいふ		39	90
want	ほしい		35	46
warm	あたたかい		40	101
was tired	つかれた		40	103
wear	きます（きる）	着ます（着る）	36	54
wear (a hat)	かぶります（かぶる）		36	54
wear (a tie, scarf, etc.)	します（する）		36	54
wear (skirt, trousers, shoes, etc.)	はきます（はく）		36	54
wear (spectacles)	かけます（かける）		36	54
well	さあ		34	36
whiskey	ウィスキー		44	143
wind	かぜ		40	101
with all one's might	いっしょうけんめい		40	103
within this week	こんしゅうちゅう	今しゅう中	38	77
within …	～じゅう；～ちゅう	～中；～中	38	77
wonderful	すばらしい		41	111
work full-time	つとめます（つとめる）		36	58

Y

English	日本ご	かんじ	Lesson	Page
yacht	ヨット		35	43

日本の ちず
Map of Japan

This map is the same as the one that is printed at the back of the first Student Book, but with one important difference: All the place names have been written in kanji on this map. Compare the two maps closely and work out what the kanji say.

沖縄

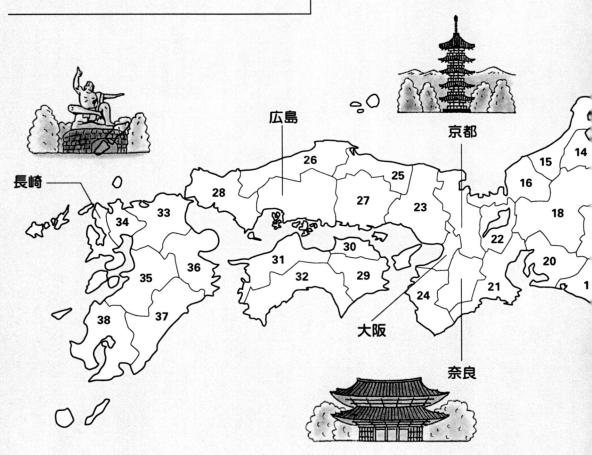

広島

京都

長崎

大阪

奈良

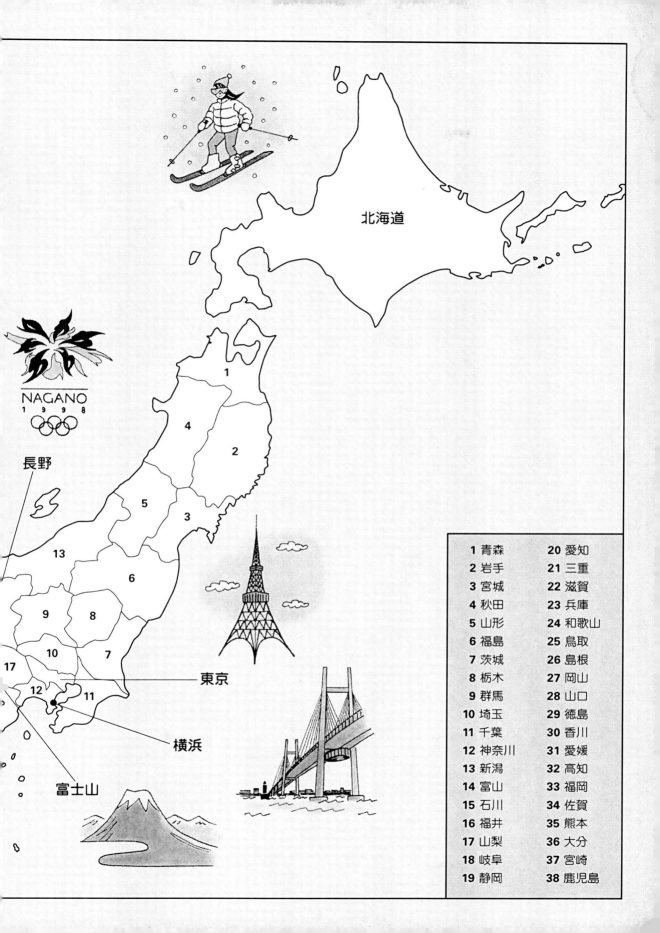

北海道

NAGANO
1 9 9 8

長野

東京

横浜

富士山

1
4
2
5
3
13
6
9 8
10 7
17
12 11

1 青森	20 愛知
2 岩手	21 三重
3 宮城	22 滋賀
4 秋田	23 兵庫
5 山形	24 和歌山
6 福島	25 鳥取
7 茨城	26 島根
8 栃木	27 岡山
9 群馬	28 山口
10 埼玉	29 徳島
11 千葉	30 香川
12 神奈川	31 愛媛
13 新潟	32 高知
14 富山	33 福岡
15 石川	34 佐賀
16 福井	35 熊本
17 山梨	36 大分
18 岐阜	37 宮崎
19 静岡	38 鹿児島